Wir danken den Expertinnen und Experten vom Leibniz-Institut für Zoo- und Wildtierforschung in Berlin für ihre fachliche Unterstützung. Das Institut untersucht im Rahmen der Mission „Forschung für den Artenschutz" die vielfältigen Lebensweisen und Anpassungen, die Wildtiere im Laufe der Evolution entwickelt haben, und erarbeitet neue Konzepte und Methoden für die Anwendung im Naturschutz.

ERIC ERFORSCHT...

Eric

Damit du weißt, mit wem du es zu tun hast!

Das bin ich ↘

Name: Eric Mayer

„Mit C und Ah Ypsilon!". ... wie oft ich diesen Satz wohl schon gesagt habe?

Beruf: Reporter & Journalist

Lieblingsessen: Grüne Soße mit Ei. Ist ein Traditionsgericht aus meiner hessischen Heimat.

Hobbys:

Raus in die Natur gehen, mit Freunden bis spät in die Nacht quatschen, im Gras liegen und lesen

Am meisten zu sehen ...

... in der ZDF-Wissenssendung PUR+.

Meine Reportagen, jede Menge Folgen und die Ausstrahlungstermine findet ihr im Internet!

Wie bin ich zu meinem Job gekommen?

Erst studiert, dann beim Radio gearbeitet und schließlich über ein Casting beim Fernsehen gelandet.

Top 3 meiner krassesten Reportagen:

1 Krokodil mit eigenen Händen gefangen

2 Zwei Tage lang ohne Schlafen

3 Bei -110 Grad in einer Kältekammer gewesen

Lebensmotto:

Wenn eine Idee am Anfang nicht total verrückt klingt, gibt es keine Hoffnung für sie.
(Sagte schon der Physiker Einstein)

Das ist mein Hund

Name: Caramelo de Andalucia
(weil er aus Andalusien kommt)

Spitznamen: Schnuppsie, Mäusezahn oder
Herr Sabbsich (wegen Sabbern)

Beruf: Früher Straßenhund, heute Couch-Kuschler
und Hasen-Nachrenner

Lebenslauf: Wurde als abgemagerter Welpe am Strand in Spanien
gefunden, gerettet und ist kurz darauf bei mir
in Deutschland eingezogen.

Dunkelstes Geheimnis: Beißt Kuscheltieren Arme und Beine ab
und sammelt sie in seinem Körbchen.

Bitte nicht!

1 Rolltreppen

2 Staubsauger

3 Silvesterböller

Geht immer!

1 Maulwurfshügel zerstören

2 verrückt durch den
Wald rennen

3 zufrieden unterm
Küchentisch einschlafen

Lebensmotto:

Prinzipiell sollte alles angeschnuppert,
angebellt oder gefressen werden.

Das hier steht alles

in meinem Notizbuch

© 2020 Carlsen Verlag GmbH, Völckersstraße 14-20, 22765 Hamburg
Konzept und Text: Eric Mayer
Illustrationen: Igor Dolinger
Grafik, Layout, Satz: Simone Busch
Lektorat: Cordula Thörner
Herstellung: Ina Anders

... die wilden Tiere

Geschrieben von Eric Mayer,
gezeichnet von Igor Dolinger

Gestaltet von Simone Busch

Liebe Leserin, lieber Leser!

> **„Ich bin ein Löwe und werde dich einfach auffressen!",**

brülle ich meinem älteren Bruder Daniel bedrohlich zu.

> **„Vergiss es! Ich bin ein Gepard und leider viel zu schnell für dich! Pech gehabt, tschauuu ...",**

ruft er lachend und rast mit einem Affenzahn davon.
Okay – diese Runde ging an ihn.

Als wir klein waren, wurde der Garten hinter dem Haus für uns zur Steppe Afrikas, zum australischen Buschland oder zum undurchdringlichen Urwald des Amazonas. Und wir waren die tierischen Bewohner – wild, frei und unbezähmbar.

13

Meine Faszination für die wilden Tiere dieser Welt ist auch heute noch ungebrochen. Kein Wunder – schließlich hat die Natur Lebewesen hervorgebracht, die uns mit ihrer Vielfalt, Schönheit und ihren einzigartigen Fähigkeiten einfach nur den Atem rauben.

Inzwischen bin ich Reporter und konnte Missionen in viele Länder und Lebensräume erleben. Das war spannend und wunderbar, hat mir leider aber auch gezeigt: **Die wilde Schönheit unseres Planeten ist in Gefahr und muss geschützt werden.** Auch davon erzähle ich auf den nachfolgenden Seiten ...

Wenn ich unterwegs bin, schreibe ich alles auf – nicht nur die harten Fakten, sondern auch meine Gedanken und die vielen aufwühlenden Emotionen. Das alles landet in meinem Notizbuch, es ist so etwas wie mein ganz persönlicher Schatz.

Ich bin mir sicher, dass dieser Schatz bei dir in den besten Händen ist. Denn schon allein, dass du diese Zeilen hier liest, zeigt mir: Du bist wissensdurstig und offen, mit einer Extraportion Neugier obendrauf. Das haben wir also schon mal gemeinsam.

Wenn ich nach meinen Wissensreisen noch mehr erfahren will, führe ich manchmal zusätzliche Gespräche mit spannenden Leuten – und die kannst du in meinen <u>vier Podcast-Folgen</u> zu diesem Buch anhören.

Wie du die findest und was darin vorkommt, steht auf Seite 144.

Warum mache ich das alles? Also, bei mir ist das so: Wenn mich ein Thema so richtig interessiert, dann bekomme ich so ein Wissenskribbeln im Bauch und ich mache mich auf die Suche nach der WAHRHEIT dazu. Großes Wort, ich weiß. Aber lass mich mal erklären:

Die Welt ballert uns doch ständig mit irgendwelchen Informationen zu. Im Handy piepen Nachrichten und Newsfeeds rein. Auf Social-Media-Kanälen plappern Millionen Leute um die Wette. Und egal, was wir wissen möchten, das Internet hat unendlich viele Antworten parat.

Volle Info-Flut – das ist einfach zu viel!

Und eine total wichtige Frage geht dabei sehr schnell
unter: Was von dem ganzen Zeug stimmt eigentlich?
Was sind Fake-News, was sind Fakten? Was davon ist
wirklich WAHR?

Sprich: Fäik-
Nius. Englisch
für „Falsche
Nachrichten"

Denn nur, wenn ich weiß, ob etwas tatsächlich stimmt,
kann ich mir doch eine vernünftige Meinung dazu
bilden. Deswegen will ich zu jedem Thema, das mich
interessiert, möglichst viele Fakten kennen.

Es gibt ja diesen Spruch „Wissen ist Macht".
Ich habe den ein bisschen abgewandelt und sage
immer: **Wissen macht stark – und zwar im Kopf!**

Also, bereit für ein bisschen Köpfchen-Training?

Na, dann los ...

Dein
ERic

Haie –
die Chefs der Meere

oder
Mein Tanz mit der Haifamilie

Für meine erste tierische Wissensmission reise
ich in die Karibik. Ich möchte das Verhalten
von Haien mit eigenen Augen beobachten.
Dafür muss ich tief abtauchen ...

Haie! Mal ehrlich, über keine anderen Meeresbewohner gibt es so viele spannende, unglaubliche, aber auch beängstigende Geschichten. Okay, auf meiner Liste von Lieblings-Wasserplansch-Partnern stehen sie nicht gerade ganz oben. Schließlich sind Haie Unterwasserjäger, die ihre Fähigkeiten <u>seit Hunderten Millionen Jahren</u> immer weiterentwickelt haben.

Erste Vorfahren der heutigen Haie gab es schon vor etwa 450 Millionen Jahren – also noch vor den Dinosauriern!!!

Aber für das natürliche Gleichgewicht in den Ozeanen spielen Haie eine wichtige Rolle. Dass es immer weniger von ihnen gibt, liegt daran, dass wir Menschen schon zu sehr in ihren Lebensraum eingegriffen haben.

Das möchte ich rausfinden bei meiner Hai-Mission:

Meine Faktenfragen:
Wie reagieren Haie, wenn sie auf Menschen treffen?

Warum gibt es immer weniger Haie und was bedeutet das?

Meine ganz persönliche Forscherfrage:
Bleibe ich cool, wenn ich unter Wasser Haien begegne?

SPOILER-ALARM!
In diesem Kapitel steht, wie viele Zähne ein Hai im Laufe seines Lebens bekommt. Die Zahl hat viele Nullen ...

BAHAMAS

Ich bekomme kein Auge zu. Aufgekratzt sitze ich auf meinem Bett und telefoniere. Etwa 4000 Kilometer entfernt von zu Hause, in einer kleinen Unterkunft auf der karibischen Insel Grand Cay. „Soll ich das wirklich machen oder bin ich total wahnsinnig?", frage ich meinen Freund Clemens. „Soll ich morgen wirklich zu den Haien ins Meer steigen?" Er erinnert mich daran, wie gut die gesamte Aktion geplant wurde und dass Menschen nicht auf dem Speiseplan der Tiere stehen. Außerdem wird auch immer ein Experte dabei sein. Klingt alles einleuchtend, trotzdem habe ich so ein wimmelig-aufgeregtes Gefühl in der Magengrube. „Schlaf drüber und entscheide dann", sagt er. Von viel Schlaf kann in dieser Nacht allerdings keine Rede sein.

Am nächsten Morgen geht's in einem kleinen Boot zu einer Stelle, an der sich Haie gerne aufhalten, einem sogenannten <u>Shark-Spot.</u> → *Englisch: shark = Hai, spot = Stelle*

Das Wissenskribbeln in meinem Bauch wird stärker, die sorgenvollen Gedanken werden weniger. **Ich werde Haien in ihrem Lebensraum begegnen!** Und plötzlich freue ich mich total auf mein Unterwasser-Abenteuer.

In Taucher-Zeichensprache bedeutet dieses Zeichen: Alles in Ordnung!

Mit dabei: Haiexperte Erich, der hier auf der Insel wohnt, und <u>meine Tauchpartnerin Bettina.</u> Wir gehen noch mal alles durch. Ganz wichtig: Ruhig bleiben und nicht panisch abhauen, sollten wir tatsächlich das Glück haben, auf Haie zu treffen.

Wichtige Tauchregel: Immer zu zweit tauchen. So kann man gegenseitig aufeinander achten! Das ist sicherer.

Na ja, mal eben schreiend wegzurennen ist ja ohnehin schwierig unter Wasser, denke ich. Also: Cool bleiben und ab ins Meer!

Und mit einem Platsch hüllt mich diese Unterwasserwelt ein, als wäre ich gerade in einen riesigen Wattebausch gefallen. Stille. Ich höre nur noch das Blubbern der Luftblasen, die ich ausatme.

AHHHHH...

Jede Bewegung geschieht wie in Zeitlupe und ich tauche buchstäblich ab in eine fremde, unbekannte Welt. War ich eben noch aufgeregt, bringt mich das Meer nun in den totalen Ruhe-Modus. Von Haien allerdings keine Spur – war der weite Weg etwa umsonst?

Ein Riff ist so was wie ein Hügel auf dem Meeresgrund, oft die Heimat von Meerestieren und Pflanzen.

Ganz langsam gleiten wir zu einem Riff hinunter. Zwei Clownfische wuseln zwischen den Wasser-pflanzen umher, ein Krebs macht es sich neben farbenprächtigen Korallen gemütlich, außerdem liegt eine Seegurke etwas plump auf dem Grund vor sich hin. Erinnert mich ein bisschen an meinen Hund Caramelo, wenn er nach dem Abendfressen faul im Garten in der Sonne liegt.

Wir beobachten und warten und beobachten und warten. Und dann, tatsächlich! **Ein Hai! Er schwimmt direkt auf mich zu.**

Was ist eigentlich ... ein Hai?

- Fisch, Klasse: Knorpelfisch
- rund 500 verschiedene Arten
- kommt in allen Meeren vor
- frisst vorwiegend Meerestiere, manche Arten auch Pflanzen

Hätte ich nicht eine Tauchermaske auf, würde ich mir ungläubig die Augen reiben. Passiert das gerade wirklich? Mein Herzschlag wird schneller. Es ist ein <u>Karibischer Riffhai,</u> mindestens zwei Meter lang! Will er mich etwa angreifen?

Ich hatte mir vorher Fotos von den Haiarten hier angesehen.

Ich erinnere mich an die Anweisungen des Hai-Experten: ruhig bleiben, aufmerksam sein und sich am besten in eine <u>senkrechte Position</u> bringen. Das mache ich dann mal ...

So wirkt man auf die Haie noch fremder. Und was fremd ist, das lassen sie am liebsten in Ruhe.

Der Hai wirkt entspannt und beginnt, Kreise um uns zu ziehen. Majestätisch gleitet er durch das Blau und kommt bis auf wenige Meter heran.

Für einen kurzen Moment schaue ich in seine stechenden Augen und es ist, als würde er mir per Gedankenübertragung sagen: „Bleib cool, das ist mein Reich, aber ist okay, dass du kurz vorbeischaust."

Er scheint wissen zu wollen, wer oder was wir sind. Nach einigen Minuten dreht er ab, bleibt aber in unserer Sichtweite. Dass wir keine Gefahr sind, haben ihm vermutlich seine Sinne verraten. Und über die habe ich mich vorher schlau gemacht.

(Gleich kommt noch seine Familie dazu, aber erst mal ein paar Hai-Fakten.) »

HOCHENTWICKELTE SINNE

Haie sind perfekt an das Leben und Jagen unter
Wasser angepasst. Mit ihren Fähigkeiten sind
sie vielen Meeresbewohnern weit überlegen.

Der **Geschmackssinn** liegt nicht
nur im Maul und Rachen – auch
auf der Außenhaut befinden sich
Geschmacksknospen. Haie rempeln ihre
Beute daher manchmal an, um sie zu
„probieren". Es kann allerdings auch
zu einem Testbiss kommen.

Das **Seitenlinienorgan** reicht von der
Schwanzspitze bis zum Kopf. Es ist ein
sehr empfindlicher Drucksensor, mit
dem Haie Schwingungen im Wasser, etwa
Bewegungen anderer Tiere, wahrnehmen.

Die gesamte **Haut** ist sehr
empfindlich. Damit erspüren
sie sogar Änderungen in der
Wasserströmung.

Mit ihrem **Gehör** nehmen sie Geräusche über mehrere Kilometer Entfernung wahr. Und sie erkennen, aus welcher Richtung diese kommen.

Fachbezeichnung: Tapetum lucidum, eine reflektierende Schicht im Auge.

Die **Augen** der Haie haben so was wie eingebaute Lichtverstärker. Selbst in tiefen, dunkleren Regionen des Meeres erkennen sie ihre Beute dadurch immer noch sehr gut.

Ihr **Geruchssinn** ist so gut, dass selbst blinde Haie ihre Beute über sehr große Entfernungen finden können.

Der **Elektro-Sinn** ist ihre Geheimwaffe. Die Lorenzinischen Ampullen sind Schleimkanäle, die in Kopf und Schnauze liegen. Mit ihnen nehmen Haie elektrische Felder wahr, die jedes Lebewesen aussendet. Versteckt sich ein Fisch in bis zu 50 Zentimetern Tiefe im Sand – für den Hai kein Problem!

25

WOW!-WISSEN

HAIE

Revolvergebisse

Die Zähne von Haien wachsen immer wieder nach. Ständig verlieren sie welche beim Fressen, aber in einem Haileben werden je nach Art und Fressverhalten bis zu etwa 30.000 davon neu gebildet.

Riesen-Koloss

Der größte Hai der Welt ist der Walhai. Er kann um die 13 Meter lang werden, über zwölf Tonnen wiegen, und frisst nur Kleinstlebewesen und Plankton.

Scharfe Haut

Haihaut besteht aus minikleinen, zahnförmigen Plättchen. Durch ihre besondere Form und Anordnung ermöglichen sie ein perfektes Gleiten durchs Wasser.

Wer ist wohl schneller:
der Hai oder ich?
Okay, diese Frage
könnte sogar ein
Stück Holz richtig
beantworten.
Schließlich würde
gegen manche Haiart
sogar ein Motorboot
verlieren.

Mittlerweile ist
mir klar, dass ich dem Hai weitestgehend egal bin.
Ich fühle mich so wohl in seiner Anwesenheit, dass
ich Lust auf ein kleines Wettschwimmen bekomme.
Zunächst scheint es, als würde er das Spiel mitspielen.
Doch dann dreht er plötzlich ab. Habe ich es
übertrieben, ist er jetzt genervt?

Ich schaue zum Haiexperten
und meiner Tauchpartnerin,
beide sind entspannt.
Dann macht Bettina
in Tauchersprache
zwei Zeichen, deren
Bedeutung ich kaum
glauben kann.
Meint sie das
etwa ernst?

Ich drehe mich um und sehe wieder unseren Hai von eben – aber er ist nicht mehr allein. **Vier weitere Karibische Riffhaie begleiten ihn. Fünf Haie!** Der Anblick haut mich fast aus den Socken – oder besser gesagt aus meinen Tauchschuhen. Mein Bauchgefühl ist erst mal wie ein Gefühls-Glücksspielautomat, bei dem noch nicht ganz klar ist, wo er am Ende stehen bleibt. Aber nach ein paar Minuten ist die Entscheidung gefallen. Ich sehe diese Tiere und denke einfach nur: Unfassbar, wie schön sie sind. Seit Millionen von Jahren schwimmen Haie durch unsere Meere, und ich darf ihnen einen Besuch abstatten. Wahnsinn.

Vor lauter Glück bemerke ich erst gar nicht, dass Bettina pantomimisch einen dicken Bauch zeigt und auf einen der Haie deutet. Was für ein Brummer. Ah, verstehe, ein schwangeres Weibchen. Besucht uns hier vielleicht gerade eine ganze Haifamilie?

Diese Art gebärt vier bis sechs Junge pro Wurf.

28

Eine Gruppe
von Haien
nennt man
Schule.

Langsam umkreist uns die Gruppe und kommt bis auf einen Meter heran. Ich stelle mich wieder senkrecht und drehe mich immer wieder um mich selbst, um möglichst viel von dem Schauspiel mitzubekommen.

Sicher laufen die Sinne der Haie gerade auf Hochtouren und sie checken uns von Kopf bis Fuß ab. Ihre Schwimmbewegungen wirken so aufeinander abgestimmt, als würden sie einen einstudierten Wassertanz für uns aufführen. Mit meinem im Vergleich eher plumpen Beinpaddeln komme ich zwar nicht an ihre Eleganz heran, habe aber dennoch das Gefühl, als hätten sie mich kurz in ihre Schule aufgenommen.

Das Ganze geht fast eine halbe Stunde lang, dann verschwinden die Tiere wieder ins tiefdunkle Blau des Meeres. Was für ein friedlicher Moment.

Von einem Frieden zwischen Menschen und Haien kann allerdings nicht wirklich die Rede sein, denn wir zählen mittlerweile zu ihren größten Feinden. Dazu habe ich einige Informationen zusammengetragen.

DIE ROLLE DER HAIE

*Es gibt auch kleinere Haiarten, d
von größeren Fischen, Rochen od
großen Haien gejagt werden.*

Große Haiarten gehören im Meer zur Spitze der
Nahrungspyramide. Das bedeutet: Sie haben dort
im Grunde keine natürlichen Feinde. Sie sind
die Chefs im Ozean.

In der Zeichnung habe ich das mal vereinfacht
dargestellt. Sie zeigt: Die Tiere einer Ebene
ernähren sich jeweils von den Tieren oder
Pflanzen der darunterliegenden Ebene. Also
Haie von Thunfischen. Thunfische von kleineren
Fischen, und so weiter. Verändert sich die
Anzahl der Tiere einer Ebene stark, hat das
extreme Folgen.

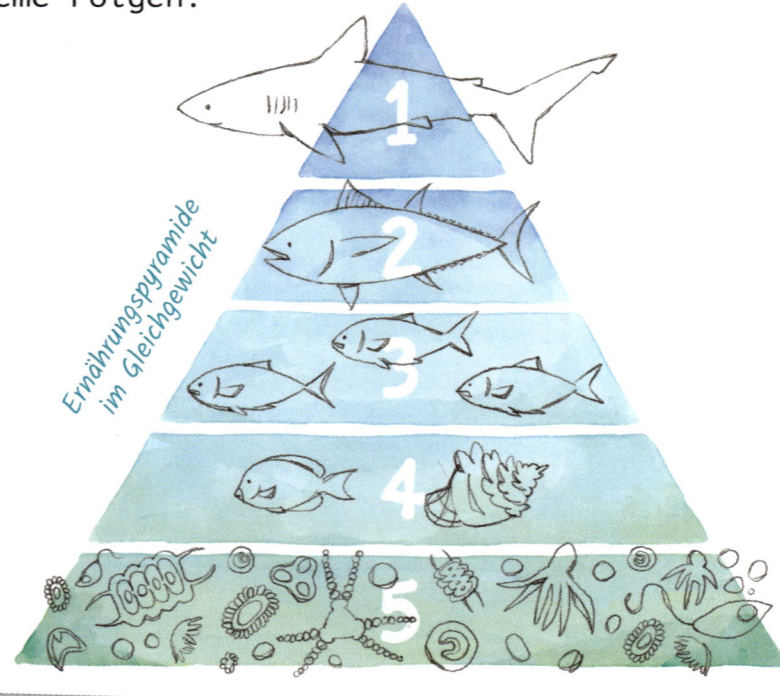

Ernährungspyramide
im Gleichgewicht

Beispiel Haie: Wenn es immer weniger Haie gibt, fressen sie auch weniger Tiere der Ebene 2. Diese vermehren sich dann stark und die Überzahl dieser Tiere frisst wiederum superviele aus Ebene 3. Dort wird es daher ziemlich leer.

Daraufhin vermehren sich die Tiere in Ebene 4 und fressen viel mehr aus Ebene 5. Das Phytoplankton dort ist die Grundlage der kompletten Nahrungspyramide. Weniger Haie führen so zu weniger Phytoplankton und das gesamte Gleichgewicht im Meer bricht zusammen.

Minikleine, kaum sichtbare Pflanzen, die im Wasser treiben und wichtigen Sauerstoff produzieren.

Ernährungspyramide aus dem Gleichgewicht

Experten schätzen, dass bis zu 100 Millionen Haie jedes Jahr getötet werden. Ein Drittel aller Haiarten gilt bereits als vom Aussterben bedroht. Darunter der Schwarzhai, der Bogenstirn-Hammerhai und auch der berühmt-berüchtigte Weiße Hai.

Manche Menschen haben Angst vor dem Weißen Hai. Durch ihre Größe und ihr Gebiss könnten uns große Haiarten wie er zwar gefährlich werden. Doch wir gehören nicht in ihr natürliches Beuteschema. Wichtig ist, dass wir ihr Verhalten verstehen und uns im Umgang mit ihnen an bestimmte Regeln halten. Es gibt Unfälle mit Haien, sie sind aber extrem selten.

Weißer Hai

- noch etwa 3500 Exemplare weltweit
- vier bis sieben Meter lang
- frisst zum Beispiel Fische, Otter, Robben

In einigen Gruselfilmen wird das fälschlicherweise so dargestellt.

Haie werden <u>weder von Menschenblut angelockt noch machen sie gezielt Jagd auf Menschen.</u> Allerdings machen wir Menschen Jagd auf Haie.

Sehr viele Haie sterben, da sie als Beifang in Fischernetzen landen, die Tag für Tag von riesigen Schiffen durch die Weltmeere gezogen werden.

Und vor allem in einigen asiatischen Ländern werden Haie gezielt gejagt, da sie als Delikatesse gelten. Besonders die Flossen sind begehrt, sie werden den lebendigen Haien grausam abgeschnitten. Auch bei uns landet „Hai" auf dem Teller, zum Beispiel als „Schillerlocken" oder „Kalbsfisch".

33

Mein Hai-Abenteuer ist beendet. Für dieses tolle Erlebnis war einiges an Vorbereitung nötig: Ich habe zuvor eine Tauchausbildung gemacht und mich dann von Fachleuten begleiten lassen. Sie wissen, wie man sich verhalten muss und sie sind mit den Tauchspots und den Haiarten vor Ort vertraut. Ich musste mich an bestimmte Regeln halten, um diese Tiere in ihrem Lebensraum zu besuchen. Dabei konnte ich erleben: Wir Menschen stehen nicht auf dem natürlichen Speiseplan der Haie. Für sie sind wir eher fremd und sie lassen uns am liebsten in Ruhe.

Gilt natürlich für alle wilden Tiere, deren Verhalten man erforschen möchte. ←

Als ich auf dem Boot sitze und zurück zum Ufer düse, lasse ich mir den Fahrtwind um die Nase wirbeln und habe ein fettes Grinsen im Gesicht. Ich denke:

„Haie sind hochentwickelte Unterwasserjäger, vor denen ich den größten Respekt habe.

Aber vor allem sind sie wunderschöne Tiere, die unerlässlich für das Gleichgewicht im Meer sind. Wir müssen sie schützen!"

Antworten

Wie reagieren Haie auf uns Menschen?
Im Normalfall checken sie uns ab, um rauszufinden, ob wir eine Gefahr sind. Wenn wir uns an bestimmte Regeln halten, lassen sie uns schnell wieder in Ruhe.

Warum gibt es immer weniger Haie und was bedeutet das?
Haie werden von großen Fischernetzen mitgefangen oder gezielt gejagt. Nimmt die Zahl der Tiere ab, ist das Gleichgewicht der Ozeane in Gefahr.

Bleibe ich cool, wenn ich unter Wasser Haien begegne?
Ja, es war ein unvergesslich tolles Erlebnis, bei dem mir die Schönheit dieser Tiere bewusst wurde.

Mein Krass-das-vergesse-ich-nie-Moment
Als ich mich unter Wasser umdrehte, fünf Haie auf mich zuschwammen und mich dann umkreisten. Für ein paar Sekündchen war ich Teil ihrer Schule.

Ob die Begegnung mit den Meeresbewohnern, die ich als Nächstes treffe, auch so friedlich verlaufen wird? Eins ist sicher – vor ihnen muss ich mich auf jeden Fall in acht nehmen ...

Mission 1:

Giftige Tiere

oder

Quallen im Kescher

Australien ist der Kontinent mit den giftigsten
Tieren der Welt. Dahin geht meine Reise, denn
ich will eine gefährliche Würfelqualle fangen
und Seeschlangen Gift abzapfen.

Ein Biss, ein Stich, eine Berührung – und ZACK, das war's. Es gibt Tiere, die mit einer kleinen Menge ihres Gifts Lebewesen töten können, die viel größer sind als sie selbst. Das wären dann wohl auch wir Menschen ... Allein die Vorstellung, diesen supergiftigen Tieren zu begegnen, jagt mir mehr Schauer über den Rücken als sieben Gruselfilme und neun Geisterbahnfahrten zusammen.

Die Natur hat manchen Gifttieren eine kraftvolle Waffe verliehen – vor der wir uns in acht nehmen müssen. Die uns aber auch helfen und sogar Leben retten kann!

Diese Forscherfragen habe ich im Gepäck:

Meine Faktenfragen:
1. Welche Tiere sind besonders giftig?
2. Wie nutzt die Wissenschaft das Gift für uns Menschen?

Meine ganz persönliche Forscherfrage:
Würfelquallen sind hochgiftig – kann man diese wabbelig-flutschigen Tiere überhaupt gefahrlos untersuchen?

SPOILER-ALARM!
In diesem Kapitel steht, warum mein *juckendes Kinn* fast zu einer **Katastrophe** geführt hätte.

AUSTRALIEN
Weipa

Jetlag ist
der Zustand,
bei dem der
Körper auf
Fernreisen
wegen
der Zeit-
verschiebung
ein bisschen
neben der
Spur läuft.

Irgendwie fühlt sich das gerade alles total unwirklich an: Das Wasser glitzert im grellen Sonnenlicht, die 40 Grad heiße Luft umhüllt mich wie eine stickige Bettdecke und meine Hirnwindungen laufen in Super-Zeitlupe. Der Jetlag dieser Reise hat mich voll erwischt. Und mein Körper hatte noch keine Zeit, sich an das extreme Klima zu gewöhnen, trotzdem sind wir schon unterwegs Richtung Giftquallen.

Mein Abenteurer-Look ☺

Ich bin in der Nähe von Weipa, einer Stadt im Norden Australiens. Um genau zu sein: Ich bin auf einem kleinen Boot, mit Biologe Bryan. Er forscht daran, Gegengifte zu entwickeln – also Mittel, die Menschen retten, die von Tieren vergiftet wurden. Außerdem ist er auf der Suche nach Medikamenten, die aus den tödlichen Substanzen hergestellt werden können.

Mehr Infos
dazu gibt's
auf S. 44.

Wir schippern in Ufernähe umher, ausgerüstet mit dicken Gummihandschuhen und Keschern, denn wir sind auf der Suche nach einer ganz bestimmten Art der **Würfelqualle.** Sie wird auch **Seewespe** genannt und gilt als eines **der giftigsten Tiere der Welt.**

Wie alle Quallenarten bestehen auch Würfelquallen aus einem oberen Teil, der einem Schirm ähnelt, und einem unteren Teil mit Tentakeln. Mit dem Schirm bewegen sie sich fort, indem sie Wasser einziehen und wieder ausstoßen. In den langen Tentakeln befindet sich das Gift, und zwar in den sogenannten Nesselzellen. Wenn so eine Qualle im Wasser vor sich hinschwebt, sieht das sehr friedvoll aus.

Viele Quallen, zum Beispiel bei uns in Deutschland, sind nicht so giftig und brennen bei Hautkontakt lediglich, etwa so wie Brennnesseln.

Langsam schippern wir dahin und suchen konzentriert die Wasseroberfläche ab. Das Fiese ist: Diese Quallen sind hellblau-durchsichtig und daher total schwer zu erkennen.

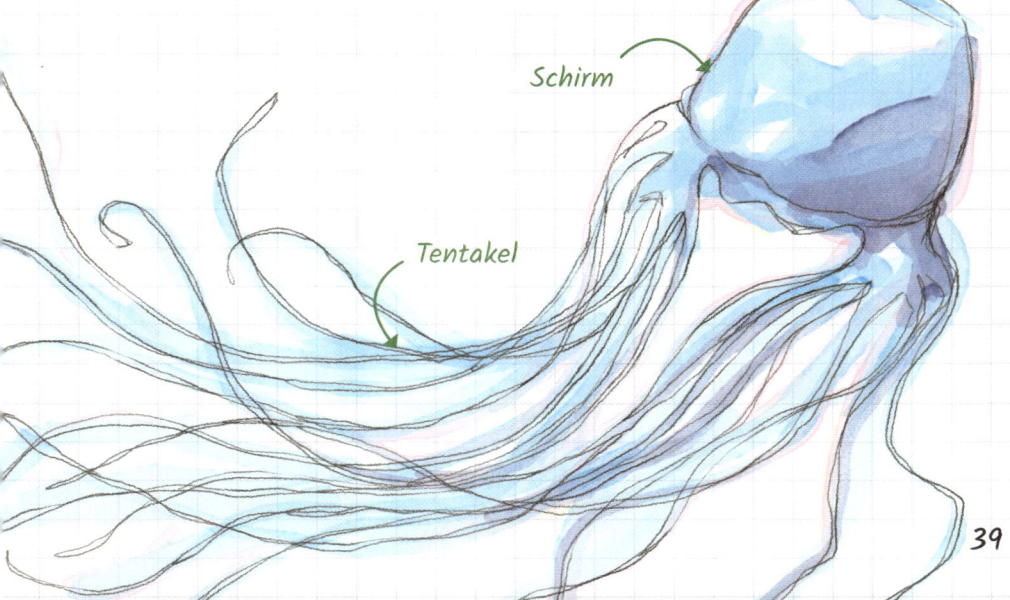

Schirm

Tentakel

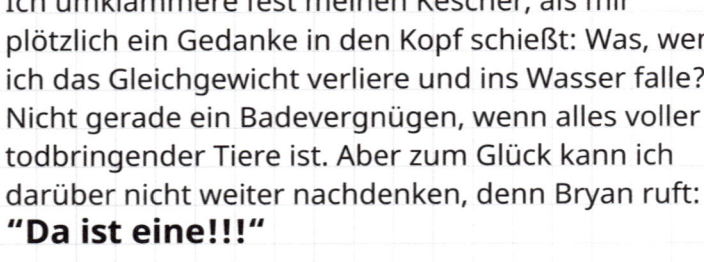

Ich umklammere fest meinen Kescher, als mir plötzlich ein Gedanke in den Kopf schießt: Was, wenn ich das Gleichgewicht verliere und ins Wasser falle? Nicht gerade ein Badevergnügen, wenn alles voller todbringender Tiere ist. Aber zum Glück kann ich darüber nicht weiter nachdenken, denn Bryan ruft: **"Da ist eine!!!"**

Was sind eigentlich ... Quallen?

- Nesseltiere
- leben in allen Meeren
- je nach Art wenige Millimeter bis einige Meter groß
- Hauptnahrung: minikleine Organismen, Zooplankton genannt
- Feinde: Meeresbewohner wie Fische, Delfine, Schildkröten

Flink fischt er die Qualle aus dem Wasser und wir beugen uns neugierig über das Netz. Tatsächlich, eine Seewespe. Mit einem vorsichtigen Griff holt Bryan sie heraus und legt sie in meine mit Handschuhen geschützten Hände. „Darf ich vorstellen, das vermutlich giftigste Tier der Welt", sagt er.

Also, auf ein „Freut mich, Sie kennenzulernen" verzichte ich dann mal – schließlich könnte diese Qualle mit ihren Tentakeln ohne Probleme mehr als 100 Menschen töten.

Das Gift verätzt zunächst die Haut, löst dann schlimme Schmerzen im gesamten Körper aus, kann zu Muskel- und Atemlähmungen und innerhalb kurzer Zeit zum Tod führen.

Quallen gelten als die ältesten Gifttiere der Welt, es gibt sie seit mindestens 500 Millionen Jahren. Mit ihrem Gift schützen sie sich vor Feinden, und einige Arten erlegen damit kleine Krebstiere oder Fische.

Für seine Forschungsarbeit entnimmt Bryan Gift aus den Tentakeln, denn noch weiß man sehr wenig über Quallen-Gifte. Vorsichtig analysiere ich unser Exemplar: Der Schirm fühlt sich gar nicht wabbelig an, eher wie ganz fester Gummi. Die langen Tentakel bleiben bei Berührung sofort an den Handschuhen kleben. Ich halte hier ein Lebewesen, dass zu 98 % aus Wasser besteht und dennoch so kraftvoll ist. Die Natur hat echt unfassbare Kreationen auf Lager! Behutsam lassen wir das Tier zurück ins Wasser gleiten.

Sie können über drei Meter lang werden und heften sich sofort an Beute oder Feinde.

Nachdenklich kratze ich mich am Kinn. **OH NEIN! Am Handschuh war ja noch etwas Quallen-Gift. Wie das brennt!** „Bryaaannn!" Sofort untersucht er die Stelle und gibt Entwarnung: „Das war zu wenig, um durch die Haut was anzurichten. Zum Glück hast du dir nicht dein Auge gerieben, das hätte schlimm enden können."

Puh, das war knapp. Und die nächsten Gifttiere warten schon auf uns. Aber erst mal ein paar generelle Infos über einige der giftigsten Tiere der Welt.

BITTE NICHT BERÜHREN!

Ich habe <u>fünf Zeitgenossen</u> rausgesucht, die zu den giftigsten im Tierreich gehören.

Insgesamt vermutet man um die 100.000 giftige Arten im Tierreich.

Schrecklicher Pfeilgiftfrosch
Größe: bis zu 5 cm
Lebensraum: ein kleines Gebiet im Regenwald Kolumbiens
Merkmal: gelbe bis gelbgrüne Farbe, giftige Haut
Giftigkeit: Das Gift eines Tieres kann bis zu zehn Menschen töten. Kein Gegengift bekannt.

Brasilianische Wanderspinne
Größe: etwa handtellergroß
Lebensraum: Regenwälder in Argentinien, Paraguay, Uruguay und Brasilien
Merkmal: gilt als angriffslustig, kann bis zu 1,50 m weit springen

Giftigkeit: Der Biss löst beim Menschen Schmerzen, Schwindel, Erbrechen, Muskelkrämpfe aus. Kann ohne Gegengift zum Tod führen.

Krustenanemone
Größe: wenige Zentimeter
Lebensraum: Indischer Ozean
Merkmal: zählt zu den
Blumentieren, lebt unter Wasser
Giftigkeit: Einige Arten lösen nach Berührung
Schüttelfrost, Erbrechen oder Lähmungen aus.
Kein Gegengift bekannt, aber auch keine
Todesfälle.

Gelber Mittelmeerskorpion
Größe: bis zu 10 cm lang
Lebensraum: Wüstengebiete, z. B.
in Nordafrika oder der Türkei
Merkmal: strohgelb;
Giftstachel am Hinterleib
Giftigkeit: Das Giftgemisch
kann vor allem für sehr junge oder alte
Menschen tödlich sein. Es gibt aber Gegengifte.

Inlandtaipan
Größe: 1,8 bis 2,5 m lang
Lebensraum: kleines Gebiet
in Australien
Merkmal: scheue Schlange;
versteckt sich in Erdlöchern,
bis zu 6 mm lange Giftzähne
Giftigkeit: Die Giftmenge eines Bisses könnte
über 200 Menschen töten. Es gibt ein Gegengift.

MEDIZIN DURCH GIFT!

Obwohl viele Tiergifte **tödlich** sind – sie können auch dabei helfen, **Leben zu retten!** Dafür machen sich Forscher die Eigenschaften einzelner Inhaltsstoffe der Gifte zu Nutze.

Im Gift des Gelben Mittelmeerskorpions beispielsweise ist ein **ungefährlicher Stoff,** der sich in menschlichen <u>Tumoren</u> anreichert, nachdem er verabreicht wurde.

Das sind unkontrolliert wachsende Zellen im Körper.

Mit seiner Hilfe wollen Forscherinnen und Forscher Methoden entwickeln, mit denen sie **Krebs besser erkennen und heilen können.**

Durch anderer Tiergifte konnten Medikamente hergestellt werden, die gegen **Bluthochdruck** oder die Krankheit **Diabetes** helfen.

Man sagt auch Zuckerkrankheit.

Und natürlich werden damit auch **Gegengifte** entwickelt, die Menschen nach einer Vergiftung retten können.

WOW!-WISSEN

KUGELFISCH

Giftfisch als Delikatesse

Zu den giftigsten Meeresbewohnern zählen
Kugelfische. Kleinste Mengen ihres Giftes mit
dem Namen Tetrodotoxin können einen Menschen
vollständig lähmen, zum Atem- oder Herzstillstand
führen und dadurch töten.

Dennoch sind Kugelfische in Japan unter dem Namen
Fugu eine Delikatesse. Nur speziell ausgebildete Köche
dürfen die Fische zerlegen und die giftigen Eingeweide
entfernen. Ausschließlich das Muskelfleisch wird dann
verzehrt, denn darin kommt kein Tetrodotoxin vor.

Sie jagen zu dieser Zeit häufig an der Wasser-oberfläche nach Fischen. ← Noch immer sind Bryan und ich in dem kleinen Boot unterwegs, mittlerweile ist es später Abend. Mit Scheinwerfern suchen wir jetzt nach **Seeschlangen.** Wir wollen sie melken, um an ihr Gift zu kommen, mit dem weiter geforscht werden soll.

„Melken? Wie soll das eigentlich gehen?", denke ich grinsend, und vor meinem inneren Auge erscheint das Bild eines Schlangen-Bauernhofes, auf dem Caramelo fröhlich umherspringt, während ich auf einem Schemel sitze und Schlangen melke. „Reiß dich zusammen, Eric, das ist eine ernste Sache hier!", sage ich zu mir.

Bryan erklärt: „Schlangen bilden das Gift in Drüsen hinter den Zahnwurzeln. Sie vergiften ihre Opfer durch einen Biss." Wir müssen also an die Zähne ran! Ich bin gespannt, wie das funktionieren soll …

Ein bisschen fühle ich mich wie der Hauptdarsteller in einem Abenteuerfilm: Auf der Suche nach Giftschlangen düsen wir am Ende der Welt übers Wasser, die Fangnetze einsatzbereit in der Hand, der Abendwind weht uns um die Nase …

Es dauert nicht lange, da geht Bryan eine Seeschlange ins Netz! Mit einem geübten Griff nimmt er sie am Kopf heraus. **Eine Gehörnte Seeschlange, ihr Biss kann tödlich sein.** Wir legen sie in eine große Box und suchen erst mal weiter.

Was sind eigentlich ... Seeschlangen?

- Reptilien
- leben in tropischen Meeresregionen
- meist so um die 1,40 Meter lang, manche aber auch länger
- fressen hauptsächlich Fische
- Feinde: wegen ihres Gifts werden sie meist in Ruhe gelassen

Auch ich erwische zwei Exemplare – ein irres Gefühl! Doch da flutscht Bryan plötzlich eine Schlange aus der Hand und schlängelt sich vor unseren Füßen über das Deck. „Zurück, sofort!", schreit er und fängt sie zum Glück blitzschnell wieder ein. PUH! Mein Herz pocht wie verrückt. Nachdem wir einige weitere Tiere vorsichtig in den Boxen verstaut haben, ist der gefährlichste Moment der Mission gekommen: **das Melken der Seeschlangen.**

47

Das ist ein kleines Röhrchen, das Flüssigkeit aufnehmen kann.

Bryan hält die Schlangen direkt hinter dem Kopf fest, ich weiter hinten am Körper. Vorsichtig stülpt er eine <u>Pipette</u> über den Giftzahn, die sich sofort mit einer grünlichen Flüssigkeit füllt. „Gute Ausbeute für die Untersuchungen in meinem Labor!", sagt er lächelnd.

Ich starre auf das Röhrchen und frage mich, wie so wenig Flüssigkeit diese enorme Wirkung haben kann. Krass! Nachdem wir alle Schlangen gemolken haben, entlassen wir sie wieder ins nachtschwarze Wasser der australischen Wildnis und fahren zufrieden und ziemlich erschöpft zurück an Land.

Meine Wissensmission in Australien hat mich ganz nah an einige der giftigsten Tiere der Welt gebracht. Für uns Menschen können sie zwar gefährlich, aber auch sehr nützlich sein. Und ihre Erforschung ist auf jeden Fall hochspannend!

Antworten

Welche Tiere sind besonders giftig?
Zu den giftigsten Tieren zählen zum Beispiel
Seewespe, Inlandtaipan und Pfeilgiftfrosch. Uns
Menschen werden sie meist nur dann gefährlich, wenn
wir uns falsch verhalten oder sie sich bedroht fühlen.

Wie nutzt die Wissenschaft Gifte aus der Natur?
Die Forschung mit Tiergiften kann dabei helfen,
Medikamente und Gegengifte zu entwickeln.

**Kann man die wabbelig-flutschigen Würfelquallen
gefahrlos untersuchen?**
Sie sind gar nicht so flutschig, wie man denkt, eher
fest, und lassen sich am Schirm sehr gut festhalten.

Mein Krass-das-vergesse-ich-nie-Moment
Als ich Quallengift am Kinn hatte und kurz dachte:
Das war's!

Giftige Tiere können auf den ersten Blick ziemlich
harmlos wirken. Das kann man von den nächsten
wilden Zeitgenossen nicht gerade behaupten.
Auf geht's nach Afrika!

Mission 2:

*Und dieser Schnappschuss soll
mich dran erinnern, dass es in
Australien ja nicht nur giftige
Tiere gibt.*

Krokodile –
riesige Urzeitechsen

oder

Wie liegt es sich auf einem Krokodil?

Bei dieser Wissensmission in Südafrika soll
ich Krokodilbabys beim Schlüpfen helfen
und ein ausgewachsenes Exemplar mit
einfangen, um es auszuwildern.

Ob im Wasser oder an Land, diese gewaltigen <u>Reptilien</u> sind in beiden Welten zu Hause – und das schon seeehr lange! Krokodile spazierten nämlich bereits vor über 200 Millionen Jahren mit den Dinosauriern über die Erde. Wie wir wissen, sind die Dinos irgendwann ausgestorben, doch ihre Verwandten, die Krokodile, gibt es noch immer.

Reptilien: vom lateinischen Begriff für Kriechtiere

Ausgewachsene Exemplare haben keine natürlichen Feinde und sind berüchtigt für ihre Kraft und Angriffslust. Na, da bin ich doch froh, dass ich nur auf Krokodilbabys treffe ... jedenfalls fürs Erste!

Diesmal möchte ich wissen:

Meine Faktenfragen:
1. Wie kommen Krokodile zur Welt?
2. Was macht die Echsen zu so perfekten Jägern?

Meine ganz persönliche Forscherfrage:
Kann ich ein Krokodil einfangen?

SPOILER-ALARM!

Mein Alptraum wird wahr:
Ich werde von einem Krokodil gebissen!

SÜDAFRIKA
St. Lucia

Krokodile mögen es feucht und heiß, daher die hohe Temperatur im Brutraum.

Ein dicker Schweißtropfen rinnt mir über den Nacken, aber es ist kein Angstschweiß. Wenn alles gut läuft, halte ich hier, in diesem über 30 Grad heißen Raum, gleich ein frisch geschlüpftes Nilkrokodil in den Händen. Und bei einem Neugeborenen sollte sich die Bedrohung für mich ja noch in Grenzen halten, oder?

Ich bin im südafrikanischen Örtchen St. Lucia, um mir von Krokodilschützer Mark alles über diese faszinierenden Echsen erklären zu lassen. Sein Job: die Krokodile in dieser Gegend im Auge behalten und sicherstellen, dass es genug von ihnen gibt. Hier im Krokodil-Zentrum werden die Tiere erforscht und kranke oder verletzte gepflegt.

Wichtig für das Gleichgewicht in der Natur!

Und wenn ein Tier hier Eier legt, kümmern Mark und seine Kollegen sich um das Ausbrüten und die spätere Aufzucht.

Sie sorgen dafür, dass es dem Nachwuchs gut geht, er nicht von Nesträubern erwischt wird oder die Babys nach dem Schlüpfen durch die großmaschigen Zäune abhauen. Schließlich sollen später so viele Krokodile wie möglich in die Wildnis entlassen werden.

Behutsam nehme ich eines der Eier aus der mit grobem Sand gefüllten Box. „Schau, es geht los, sie wollen raus! Die Schale ist schon aufgebrochen. Du bist jetzt Geburtshelfer für dieses Krokobaby!", sagt Mark grinsend.

Und was hier vor mir passiert – ich kann es nicht anders sagen – ist das Unglaublichste, was die Natur zu bieten hat: **Ein neues Leben kommt auf diese Welt. Ein magischer Moment, und ich bin dabei!**

Die Schale bricht auf und ein minikleines, glitschiges Krokodilbaby flutscht raus, kringelt sich einmal um sich selbst und schaut mich aufgeweckt und herzerwärmend an. „Hallo, kleiner Freund, willkommen im Leben!", flüstere ich gerührt.

Hallo, Mama, du siehst aber komisch aus!

Immer mehr Krokos schlüpfen. Sie machen so eine Art hohes Quietsch-Quak-Geräusch, das auch aus den noch geschlossenen Eiern nach außen dringt. So kommunizieren die Babys miteinander, damit sie möglichst zeitgleich schlüpfen. Außerdem bekommt die Mutter durch die Laute mit, dass es endlich los geht. In der Natur kümmert sie sich dann direkt um ihren Nachwuchs und bringt ihn ins Wasser. Hier im Kroko-Zentrum übernehmen die Pflegerinnen und Pfleger diese Aufgabe.

Krokos schlüpfen an Land und jagen im Wasser, mehr dazu auf den nächsten Seiten!

Ich schaue mir eines der Babys genau an, es hängt mit dem Hintern noch halb im Ei und guckt neugierig umher. Sieht aus wie ein „fertiges" Krokodil, nur in mini. Total süß. Dass es sich in dem kleinen Ei so entwickelt hat, ist irgendwie unglaublich. Ich stelle mir vor, wie es wäre, es mit nach Hause zu nehmen: Caramelo könnte einen Freund gebrauchen, der ihm endlich mal ordentlich Schwimmen beibringt.

Nachdem alle Krokodile geschlüpft sind, werden sie direkt in einen geschützten Außenbereich mit kleinen Wassertümpeln gebracht.

Wenig später hocke ich am Rand eines dieser Wasserbecken, in dem etwas ältere Krokodilbabys still herumliegen – ein typisches Verhalten der Tiere.

Im Wasser ist ein mehrere Monate altes Exemplar, das schon fast doppelt so groß ist wie die kleinen Neugeborenen. Ich darf es vorsichtig herausholen und anschauen. Die Schnauze ist in diesem Alter bereits langgezogener. Und wie sieht's mit den Zähnen aus? Die Antwort kommt prompt: Als ich mit dem Zeigefinger mutig näherkomme, macht es SCHNAPP! Und mein Finger wird von kleinen spitzen Zähnchen gepikst. AUA! Aber es hat ja recht, schließlich bin ich ohne Einladung in sein Zuhause eingedrungen. Einer der Pfleger öffnet das Maul des Tiers und befreit mich. Mein erster Krokodilbiss ist zum Glück nur ein Kratzer. Hoffentlich ist das erwachsene Tier, das ich gleich fangen soll, etwas freundlicher.

Aber vorher gibt's die wichtigsten Fakten über diese faszinierenden Urzeitechsen.

REPTILIEN

Krokodile zählen zu den Reptilien.
Dazu gehören folgende Eigenschaften:

trockene
Haut (nicht
schleimig, wie
bei Fröschen)

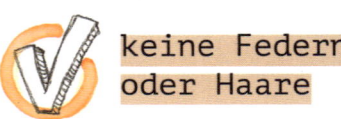

keine Federn
oder Haare

KÖRPERBAU VON KROKODILEN

Zähne: Wachsen bis zu 50-mal im
Laufe eines Kroko-Lebens nach.

Kiefer: Die Beißkraft
ist vermutlich die
größte im gesamten
Tierreich. Kein
Beutetier kommt
da wieder raus.

Augen und Nasenlöcher
ragen etwas in die
Höhe. Liegen die
Tiere im Wasser auf
der Lauer, ist ihr
Körper somit nicht
sichtbar.

 Die **harten Schuppen** können einen richtigen Panzer bilden.

 Reptilien sind **wechselwarm.** Sie passen ihre Körpertemperatur ihrer Umgebung an.

 **Atmung über die Lunge** (also nicht wie bei Fischen über Kiemen)

Länge: Das hier abgebildete Nilkrokodil kann um die fünf Meter lang werden, das Leistenkrokodil fast sieben.

Die harte **Panzerhaut** besteht aus bis zu 24 Schichten.

Angetrieben von ihrem kräftigen **Schwanz,** können sie bis zu 30 km/h schnell schwimmen.

NACHWUCHS

Krokodile legen 20 bis 80 Eier in ein Nest. Bei Nilkrokodilen befindet sich dieses etwa 50 Zentimeter tief an einem sandigen Plätzchen an Land. Viele andere Krokodilarten platzieren die Eier in Pflanzenhaufen. Bis zum Schlüpfen werden sie fast ständig von der Mutter bewacht.

Je nach Krokodilart schlüpfen nach 60 bis 100 Tagen die Jungen. Die Wärme, die in der Mitte der Brutzeit herrscht, bestimmt das Geschlecht. Bei um die 30 Grad werden es Weibchen, bei um die 34 Grad Männchen. Die Krokodilmutter kümmert sich noch monatelang um die Kleinen und beschützt sie vor Angreifern.

NAHRUNG

Bei Krokodilen kommt hauptsächlich Fleisch auf den Teller. Sie schnappen bei allem zu, was ihnen so zwischen die Kiefer kommt: Insekten, Frösche, Fische, aber auch Zebras.

Krokodile sind sogenannte Lauerjäger – sie verharren an einer Stelle, bis die Gelegenheit günstig ist. Haben sie ein großes Tier erwischt, ziehen sie es ins Wasser und ertränken es. Mit der Beute im Maul drehen sich die Krokodile dann schnell um sich selbst, um dadurch Stücke herauszureißen. Da sie nicht kauen können, schlucken sie die Fleischbrocken im Ganzen hinunter. Sie können wochenlang ohne Nahrung auskommen.

Die sogenannte Todesrolle!

LEBENSRAUM

Es muss **heiß** sein, damit Krokodile sich wohlfühlen. Sie kommen in einigen tropischen Gebieten **Afrikas oder Australiens** vor. Den Großteil der Zeit sind sie im Wasser. Sie leben in Seen oder Flüssen, also im **Süßwasser.** Nur das Leistenkrokodil lebt im Salzwasser.

LEBENSERWARTUNG

Wenn ein Krokodil erwachsen ist, hat es **keine natürlichen Feinde** mehr. Lebt es dann ungestört an einem Ort, an dem genügend zu fressen vorhanden ist, kann es sehr alt werden.

Wie alt genau, wird noch erforscht. Wissenschaftler gehen aber davon aus, dass einige Arten **70 Jahre, vielleicht sogar über 100 Jahre** alt werden können.

WOW!-WISSEN

GÖTTLICHE TIERE

Im alten Ägypten wurde das Krokodil in Form des Krokodilgottes **Sobek** als heiliges Tier verehrt.

Sobek galt als Herrscher über das Wasser und war auch ein Fruchtbarkeitsgott. Dargestellt wurde er mit einem menschlichen Körper und krokodilähnlichem Kopf.

Noch heute existieren viele Darstellungen von Sobek, beispielsweise in ägyptischen Tempeln.

Es wird ernst: Nun soll ich ein erwachsenes Krokodil fangen! Ich versuche, mich zu beruhigen, aber mein Paniklevel ist dann doch eher im Endbereich angekommen. Was mache ich hier eigentlich??? Noch könnte ich kneifen!

Unterwegs und Handyakku macht schlapp

Mitten im Kino und man muss Pipi

Geburtstag der besten Freundin vergessen

Lehrer entdeckt den Spickzettel

PANIKLEVEL

Selten klang ein Satz in meinen Ohren so einleuchtend und so verrückt zugleich.

Mark erklärt: „Dieses sechs Jahre alte Weibchen haben wir hier im Krokozentrum aufgezogen, es soll nun ausgewildert werden. Betäubungen sind immer eine Belastung für die Tiere, um sie zu schonen, fangen wir sie ohne ein."

Mit Hilfe eines langen Stockes soll ich in das geöffnete Maul eine Seilschlinge führen, die sich nur um den Oberkiefer zuzieht. Genau wie bei einem Lasso!

„Du hast sie dann sozusagen an der Leine und sie wird von dir wegwollen. Trau dich, wir passen auf!"

Ich nehme all meinen Mut zusammen, bugsiere irgendwie die Schlinge per Stock um den Oberkiefer und BAMM! Die Krokodildame schnappt zu und will flüchten, aber ich umklammere das Seil mit aller Kraft.

Nach ein paar Sekunden: Stille. Sie bleibt regungslos liegen und ich stehe einige Meter entfernt wie angewurzelt da. Nur mein Herz legt gerade eine Extraschicht ein und pocht mir bis zum Hals. Das ist der Moment, den wir erwartet und zuvor ausführlich besprochen haben. **Alles muss jetzt schnell gehen:**

Mark übernimmt das Seil, ich schmeiße von hinten ein <u>Handtuch über die Augen</u> des Krokodils und werfe mich beherzt auf das Tier, um es festzuhalten, während Mark und sein Kollege das Maul zubinden. Die Krokodame lässt die Prozedur tatsächlich geduldig über sich ergehen.

Durch das Handtuch sieht uns das Tier nicht mehr und ist kurz orientierungslos.

Die anderen bereiten schnell das Auto für den Abtransport vor, während ich das Tier weiter umklammere. „Klaro, ich liege hier gerade in Südafrika auf einem lebendigen Krokodil, hab ja auch sonst nix zu tun!", denke ich in diesem Moment. Was für eine Geschichte!

Ich glaube, so wirklich wohl fühlt sich da grad keiner von uns beiden.

Aber das gehört nun mal zum Krokodilschutz dazu – und der ist wichtig!

Ein paar Infos ...

SIND KROKODILE VOM AUSSTERBEN BEDROHT?

Einige Arten wie das Siamesische Krokodil, das Philippinen- und das Orinokokrokodil sind vom Aussterben bedroht. Aber viele bekannte Krokodilarten wie das Nil-, Spitz- oder Leistenkrokodil sind es mittlerweile nicht mehr. Tierschützer wie Mark sorgen dafür, dass das so bleibt!

JAGD AUF KROKODILE

Lange Zeit wurden viele Krokodilarten stark gejagt. Das Nilkrokodil beispielsweise wurde bis in die 1980er Jahre mancherorts fast ausgerottet. Auch auf Spitz- und Leistenkrokodile hatte man es abgesehen.

Durch weltweite Artenschutzabkommen wurde die Krokodiljagd in den vergangenen Jahrzehnten verboten oder streng geregelt.

Die Tiere stehen unter besonderem Schutz und ihre Lebensräume sollen erhalten werden. Artenschützer überprüfen ständig, wie es den einzelnen Arten geht und ob sich alle an die Abkommen halten.

LEDER, FLEISCH UND ABERGLAUBE

Gründe für die Jagd: das begehrte Krokodilleder, also die Haut der Tiere. Daraus können Kleidung, Schuhe oder Taschen hergestellt werden. Das Fleisch der Tiere ist essbar. Manche Jäger geben außerdem gerne mit einem erlegten Krokodil an. Und: In asiatischen Ländern wie China glauben viele Menschen an die angebliche Heilkraft von aus Krokodilen hergestellten Mittelchen.

KROKODILFARMEN UND KONTROLLIERTE JAGD

Um die wildlebenden Krokodile zu schützen, gibt es inzwischen offizielle Krokodilfarmen, auf denen die Tiere gezüchtet werden. In freier Wildbahn dürfen sie, wenn überhaupt, nur unter strengen Auflagen gejagt werden. Es gibt aber immer wieder Wilderer, die sich daran nicht halten.

Krokodil Farm

Nun ist es so weit: Wir entlassen das Krokodil in die Freiheit. An einem abgelegenen Wasserloch hieven wir das Tier gemeinsam von der Laderampe des Transporters, legen es behutsam ab und beginnen, Handtuch und Maulschlinge zu lösen. Ich bin ganz schön angespannt. Könnte es uns angreifen, sobald alles entfernt ist? „Nein", meint Mark, „es hat Angst vor uns Menschen und wird wegwollen."

Und so ist es dann auch: Wir alle springen zurück und ziehen die aufgeknotete Schlinge von der Schnauze ab. Das Krokodil saust nach vorne ins Wasser und taucht sofort ab. Weg ist es. Ein bisschen stolz bin ich, dass ich etwas zum Erhalt dieser Art beitragen konnte.

Ich schaue auf die Wasseroberfläche und ganz kurz tauchen zwei Krokodilaugen auf, die in unsere Richtung blicken.

„Ab jetzt bist du auf dich alleine gestellt", murmele ich. „Viel Glück!"

Antworten

Wie werden Krokodile geboren?
Das Krokodilweibchen brütet seine Eier im Sandboden oder in Pflanzenhaufen aus. Nach 60 bis 100 Tagen schlüpfen die Babys.

Was macht sie zu so perfekten Jägern?
Blitzschnelle Reaktion, stärkster Biss im Tierreich, scharfe Zähne, eine panzerartige dicke Haut und der kräftige Schwanz für schnelles Schwimmen.

Kann ich ein Krokodil mit den Händen fangen?
Durch die Anweisungen der Krokodilschützer und mit all meinem Mut habe ich es tatsächlich hinbekommen.

Mein Krass-das-vergesse-ich-nie-Moment
Als ich einfach mal so auf einem Krokodil lag.

In deutschen Gewässern gibt es keine Krokodile. Dennoch kann man auch bei uns auf wilde Tiere treffen. Zeit für ein paar Infos zu den wilden Tieren Deutschlands.

Mission 3:

Ich kann auch ganz schön wild sein!

Grrrr...

Nee, jetzt geht's um echte Wildtiere.

Gibt's auch in Deutschland, pass mal auf!

WAS IST EIGENTLICH EIN WILDTIER?

Als Wildtiere werden im Allgemeinen Tiere bezeichnet, die von Natur aus in der **freien Wildbahn** leben. Also in Wäldern und Flüssen, auf Wiesen und Bergen oder auch in unserem Garten hinterm Haus.

NICHT dazu zählen Haustiere wie Katzen, Ziervögel und Hunde.

Und auch nicht **Nutztiere** wie Kühe, Schweine oder Hühner, die uns Milch, Fleisch oder Eier liefern.

DOMESTI... - WAS BITTE?

vom lateinischen Wort „domesticus", was „häuslich" bedeutet

In diesem Zusammenhang hört man immer mal wieder das Wort „Domestizierung". Haus- und Nutztiere sind im Gegensatz zu Wildtieren domestiziert. Bedeutet: Der Mensch hat vor langer Zeit das Aussehen und die Eigenschaften bestimmter Wildtiere über viele Generationen hinweg durch Züchtungen gezielt immer weiter verändert.

So ein Prozess kann Hunderte oder sogar Tausende Jahre dauern!

Ein berühmtes Beispiel dafür ist der Wolf!

Ich wusste gar nicht, dass ich so coole Verwandte habe!

Forscher gehen davon aus, dass Menschen vor Zehntausenden von Jahren begannen, Wölfe allmählich zu ihren Gefährten zu machen. Herausgekommen ist der Hund, wie wir ihn heute kennen!

Egal ob klein oder groß: Alle Tierarten, die vom Menschen unabhängig ihr ungezähmtes, natürliches Leben in der Wildbahn führen, sind Wildtiere.

WELCHE WILDTIERE GIBT'S BEI UNS?

Auch in unseren Breiten wimmelt es von spannenden wilden Tieren. Ein paar davon sind:

Etwa 48.000 Tierarten sind hier bekannt. Über 33.000 davon sind Insekten und nur 104 Säugetiere.

Wolf

War über hundert Jahre lang bei uns ausgerottet, wurde inzwischen wieder angesiedelt. Steht unter Schutz. Mehrere Hundert Exemplare. In der Regel sehr menschenscheu. Beute: Hasen, Rehe, Mäuse. Es kommt auch zu Angriffen auf Schafe.

Lebensraum: in Deutschland vorwiegend größere waldige Naturgebiete mit Rückzugsmöglichkeiten.

Verbreitungsgebiet: Die meisten Rudel leben im großen Naturgebiet Lausitz in Brandenburg und Sachsen oder in Niedersachsen.

Besonderheit: Wölfe kommunizieren durch lautes Heulen miteinander. So nehmen sie Kontakt zu Artgenossen auf oder markieren ihr Revier.

Siebenschläfer

Gehört zur Familie der
Schlafmäuse. Siebenmonatiger
Winterschlaf in Baum- oder
Erdlöchern. Etwa 25 Zentimeter
Körperlänge. Nachtaktiv.
Frisst Nüsse, Früchte,
Blätter, …

Lebensraum: Bäume. In Laubwäldern oder
großen Gärten; auch mal Vogelhäuschen.
Verbreitungsgebiet: ganz Deutschland,
im Süden etwas häufiger
Besonderheit: saugnapfähnliche Pfotenballen
zum Klettern

Mäusebussard

Häufigster Greifvogel Deutschlands.
Weißbraunes Gefieder. Um die 1,2 Meter
Spannweite. Zeigt sich oft auf hohen Masten und
lauert dort auf Beute: Kleintiere wie Mäuse,
Frösche, Insekten, …

Lebensraum: Waldgebiete, sein
Jagdgebiet sind Wiesen und Äcker.
Verbreitungsgebiet:
ganz Deutschland
Besonderheit: Brutpärchen
können ein Leben
lang, bis
zu 25 Jahre,
zusammenbleiben.

71

Kreuzspinne

Kreuzähnliches Muster auf dem Rücken. Mit fast zwei Zentimetern Gesamtlänge relativ groß und gut sichtbar. Frisst Insekten wie Fliegen, Käfer, ...
Lebensraum: Waldränder, Wiesen, Gärten, Parks
Verbreitungsgebiet: ganz Deutschland
Besonderheit: Spinnt in etwa 45 Minuten ein perfektes Radnetz, in dem sie Beute fängt.

Schmetterlinge

Es gibt viele verschiedene Arten: Tagpfauenauge, Admiral, Kleiner Fuchs, ... Etwa die Hälfte der Schmetterlingsarten gilt als gefährdet. Mit ihren Fühlern schmecken und riechen sie und spüren die Temperatur. Fressen Pflanzennektar und Pollen.
Lebensraum: Wiesen, Gärten, Wälder – überall, wo Nahrungspflanzen stehen

Verbreitungsgebiet: ganz Deutschland, je nach Art unterschiedlich
Besonderheit: Aus Eiern schlüpfen Raupen, die verpuppen sich und werden zu Schmetterlingen.

Gewöhnlicher Schweinswal

Diese rund zwei Meter lange Walart ist mit den Delfinen verwandt. Hat aber nicht so eine langgezogene Schnauze. Frisst Fische, Krebstiere und Tintenfische.

Lebensraum: Flache Gewässer. Im Frühjahr in Küstennähe, im Herbst eher küstenfern.

Verbreitungsgebiet: Kommt bei uns in Nord- und Ostsee vor.

Besonderheit: Kommuniziert mit Artgenossen über Klicklaute in hohen oder tiefen Frequenzen.

Das war nur eine kleine Auswahl. Ob Eichhörnchen, Biber oder Rothirsch, es gibt jede Menge tolle Wildtiere, die wir beobachten können, wenn wir uns mal auf die Lauer legen.

Fledermäuse –
die Ultraschall-Flieger

oder

Die Handflügler kommen!

Im Örtchen Rübeland in Sachsen-Anhalt steige ich in eine Höhle hinab und suche nach Fledermäusen. Anschließend fange ich einige dieser Tiere ein und schaue sie mir genauer an.

Viele Geschichten und Gerüchte ranken sich um diese ungewöhnlichen Flugtiere, die vor allem nachts unterwegs sind und fast unglaubliche Fähigkeiten haben.

Vielleicht dienten sie ja deshalb als Inspiration für den Superhelden <u>Batman?</u> Außerdem kommen mir Vampire in den Sinn, wenn ich an Fledermäuse denke. Die spitzen Eckzähne sehen schon etwas gruselig aus. Ob ich mir zur Sicherheit ein paar Knoblauchzehen einstecken soll? Es heißt ja, die hielten Vampire auf Abstand.

„bat" = englisch für Fledermaus

Ach, papperlapapp, Fledermäuse sind Tiere, über die ich unbedingt mehr erfahren möchte. Auch wenn ich dafür eine Nacht durchmachen muss ...

Mich interessiert vor allem Folgendes:

Meine Faktenfragen:
1. Wie finden sich Fledermäuse in totaler Dunkelheit zurecht?
2. Welche Arten gibt es bei uns und wo wohnen sie?

Meine ganz persönliche Forscherfrage:
Wie ist es, einer Fledermaus ganz nahe zu kommen?

SPOILER-ALARM!
Ich rieche an einer Fledermaus, um ihre Art zu bestimmen. Wie sonst ...?!

HARZ
DEUTSCHLAND

Es ist dunkel, es ist feucht, und es geht ziemlich steil nach unten. Mein Abstieg in die Fledermaushöhle beschert mir eine ordentliche Gänsehaut. Ob es an der kühlen Luft liegt oder daran, dass es doch ein bisschen unheimlich <u>hier unten</u> ist?

Wir sind in einem stillgelegten Eisenerz-bergwerk unterwegs.

Bevor ich Zeit habe, mich richtig zu gruseln, bin ich schon angekommen. Bereit, mich mit Helm und Stirnlampe – und mit Bernd – in mein Fledermaus-Abenteuer zu stürzen. Bernd ist Fledermausforscher und wartet bereits auf mich. Zusammen wollen wir nach den Tieren suchen.

Warum gerade hier und am Tag? Fledermäuse lieben die Bedingungen in dieser Höhle. Tagsüber schlafen sie, denn sie sind nachtaktive Jäger und gehen erst im Dunkeln draußen auf Beutefang.

Wir halten Ausschau nach den Tieren, die irgendwo kopfüber in den Felsspalten hängen könnten. Im Licht meiner Lampe suche ich gespannt die felsige Decke ab. Doch noch finden wir keine Spur der kleinen Flugkünstler.

Da ich mit der Taschenlampe immer nur einen kleinen Bereich ausleuchten kann, liegt der Großteil der Höhle vor mir im Dunkeln. Hätte ich doch Caramelo dabei! Mit seiner Superspürnase wäre er sicher ein guter Fledermaus-Detektiv.

Aber da – hängt da nicht ... Nee, doch nicht. Die vermeintliche Fledermaus ist nur eine dunkelbraune Felskante. In diesem Moment meldet sich Bernd aus einer finsteren Ecke: „Hab eine!"

„Fledermaus"
kommt
übrigens aus
dem Althoch-
deutschen
und bedeutet
so viel wie
„Flattermaus".

Was ist eigentlich ... eine Fledermaus?

· Säugetier der Ordnung Fledertiere
· kommt nahezu überall auf der Welt vor
· etwa 3 bis 14 Zentimeter Körpergröße
· Alter: je nach Art, manche rund 30 Jahre
· frisst hauptsächlich Insekten
· natürliche Feinde: Katzen, Greifvögel, Eulen

Eigentlich wollen wir die schlafenden Tiere hier unten nur betrachten, aber dieses Exemplar ist bereits wach und will gerade losfliegen. Mit einem vorsichtigen Griff nimmt Bernd es in die Hand.

„Der kleine Kerl startet gleich seinen Beutezug", sagt er, führt ihn an seine Nase und nimmt einen tiefen Atemzug. „Riech mal, erkennst du die Art?" Ehhh, wie bitte?

Kein Scherz – ich soll an der Fledermaus schnuppern, um herauszufinden, zu welcher Art sie gehört. „Also, ehrlich gesagt riech ich da gar nix ...", sage ich verwirrt. Bernd entgegnet lachend: „Na, riecht wie eine <u>Teichfledermaus,</u> ist doch klar." Durch seine jahrelange Arbeit mit den Tieren kann er sie tatsächlich an ihren verschiedenen Duftnoten unterscheiden. Unglaublich!

eine eher seltene Fledermausart ←

Ich nehme das Tier ausgiebig in Augenschein. Die großen Ohren fallen mir als Erstes auf. **Und das Fell! War mir gar nicht bewusst, dass Fledermäuse so kuschelig-weich aussehen.** Das <u>Maul öffnet und schließt</u> sich und ich sehe die kleinen Zähnchen.

Sie sendet ← *gerade für uns unhörbare Signale, dazu gleich mehr.*

Als Bernd seine Hand öffnet, flattert die Teich-fledermaus sofort Richtung Höhlenausgang. Und kurz darauf düsen noch zwei weitere Schatten an uns vorbei ins Freie. Es geht los, die Tiere gehen auf Beutefang. Gleich wollen wir draußen einige einfangen und schauen, welche Arten hier vorkommen und ob sie gesund sind.

Aber erst mal die wichtigsten Fakten über Fledermäuse.

EINFACH MAL ABHÄNGEN

Kopfüber schlafen

Fledermäuse schlafen tagsüber und halten monatelang Winterschlaf. Dabei hängen sie kopfüber je nach Art in Felsspalten, an Bäumen oder auch mal auf Dachböden. Sie hüllen sich in ihre Flughaut ein, um nicht auszukühlen.

Automatischer Halt

Durch das eigene Gewicht krümmen sich die Krallen der Tiere ganz von selbst. Daher ist das Hängen für sie nicht anstrengend. Selbst tote Tiere fallen nicht zu Boden.

Einzelgänger?

Manche Fledermausarten mögen es, zusammen in der Gruppe „abzuhängen", andere wiederum bleiben lieber allein und sind Einzelgänger.

Schutz vor Feinden

Raubtiere wie Marder, Eulen oder andere Greifvögel machen Jagd auf Fledermäuse. Daher übernachten sie dort, wo sie so gut es geht geschützt sind.

Klein, aber hungrig

In Deutschland sind Fledermäuse meist so
fünf bis acht Zentimeter groß. Mit ihren
spitzen Eckzähnchen können sie Insekten wie
Käfer oder Motten problemlos aufknacken. Sie
fressen pro Nacht mehrere Tausend davon!

Von rund 1300 Fledermausarten weltweit zählen
nur drei zu den Vampirfledermäusen. Bedeutet:
Sie ernähren sich vom Blut anderer Tiere, etwa
von Rindern oder Schweinen. Die gebissenen
Tiere merken davon oft gar nichts.

Vampirfledermäuse kommen
nur auf dem amerikanischen
Kontinent vor.

Mit Händen fliegen

Fledermäuse gehören zu den
Fledertieren, den einzigen
Säugetieren, die fliegen können.
Sie werden auch als Handflügler
bezeichnet, denn zwischen ihren
Fingerknochen spannt sich die
Flughaut. Mit ihr können sie auch
kleine Beutetiere umschließen
und Richtung Maul schieben.

Eingebautes Nachtsichtgerät

Fledermäuse können sich in absoluter Dunkelheit orientieren und sogar jagen. Um ihre Umgebung wahrzunehmen, stoßen sie über Nase und Maul sehr hohe, für uns nicht hörbare Töne aus, sogenannte Ultraschallwellen. Treffen diese Wellen auf ein anderes Tier, Bäume oder Felswände, werden sie von dort zurückgeworfen, man sagt dazu auch „reflektiert". Die großen Ohren der Fledermäuse nehmen die reflektierten Ultraschallwellen wieder auf. In ihrem Gehirn entsteht daraus ein exaktes Bild der Umgebung. Das Ganze geht so schnell, dass sie sogar kleine fliegende Insekten aufspüren und schnappen können. Fledermäuse verfügen also über ein präzises Ultraschall-Ortungssystem, auch Echo-Ortung genannt.

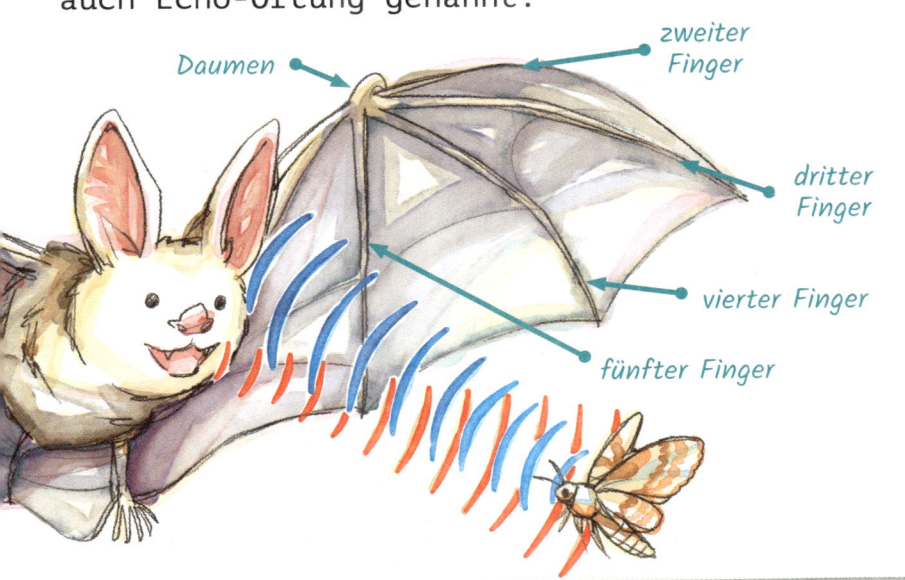

Daumen

zweiter Finger

dritter Finger

vierter Finger

fünfter Finger

WOW!-WISSEN

FLEDERMAUSHÖHLE

Die größte Fledermauskolonie der Welt findet sich im Sommer in der amerikanischen **Brackenhöhle in Texas.** Von März bis Oktober wohnen dort etwa 20 Millionen Mexikanische Bulldoggfledermäuse.

Mittlerweile ist die Nacht hereingebrochen. Bernd und ich stehen vor einem anderen Zugang in das unterirdische Höhlensystem und bauen Fangnetze auf.

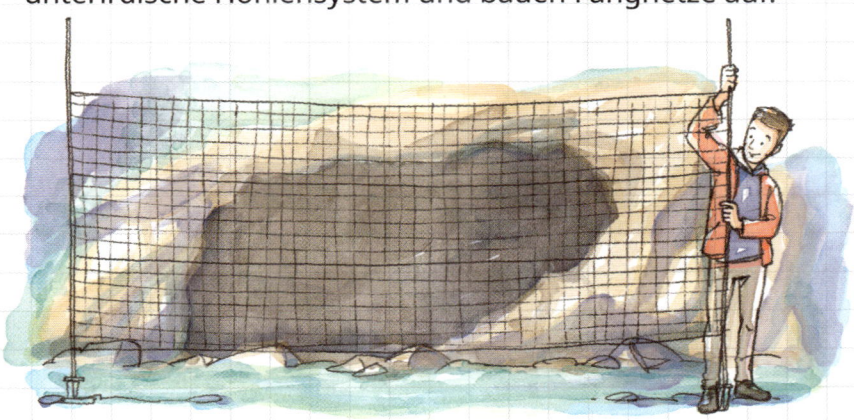

Hier dabei zu sein, mitten in der Natur, eingehüllt von nächtlicher Dunkelheit und im Auftrag der Wissenschaft, ist ein tolles Gefühl. Mein Wissenskribbeln meldet sich – wird uns wohl etwas ins Netz gehen?

Also, im nächsten Leben werde ich auf jeden Fall Tierforscher!

Bernd erklärt, dass dieser Höhleneingang von vielen Fledermäusen genutzt wird und sie auf ihren Beutezügen nun die ganze Nacht rein- und rausfliegen werden. Dabei wollen wir einige mit dem Netz abfangen, um sie zu untersuchen und einen Überblick darüber zu bekommen, welche Arten hier herumflattern.

Unsere Ausrüstung: Waage, Dose mit Deckel, Zentimetermaß und spezielle Klammern, mit denen wir die Tiere gleich kennzeichnen wollen.

Und plötzlich geht es los: **Die Fledermäuse kommen!**

Ich sehe immer mehr zackige Schatten im Licht des Vollmonds vorbeihuschen. Einige düsen so nah über unsere Köpfe, dass ich mich kurz ducke. „Die Handflügler kommen!", denke ich und freue mich, dass es losgeht.

Die ersten beiden Tiere verfangen sich im Netz. „Sie halten es für Spinnenweben, die sie normalerweise leicht durchfliegen können", sagt Bernd.

Viele Fledermaus-arten sind nämlich bedroht, mehr dazu auf der nächsten Doppelseite. ◄

Wir interessieren uns zunächst für Gewicht, Größe und Art der gefangenen Exemplare. Diese Daten sammelt Bernd, um einen Überblick darüber zu bekommen, wie es um den 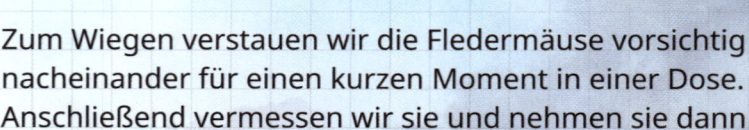Bestand der Tiere hier in dieser Gegend bestellt ist.

Zum Wiegen verstauen wir die Fledermäuse vorsichtig nacheinander für einen kurzen Moment in einer Dose. Anschließend vermessen wir sie und nehmen sie dann im Schein unserer Stirnlampen genauer unter die Lupe.

„Hier, du nimmst diese in die Hand, dann können wir sie gut vergleichen", schlägt Bernd vor.

Ich zögere ein bisschen, sie sieht so klein und zerbrechlich aus. Aber dann traue ich mich.

Behutsam halte ich das federleichte Tier zwischen Daumen und Zeigefinger. WOW, es sieht besonders aus! Die Fledermaus bewegt den Kopf mit geöffnetem Maul hin und her. Klar, mit ihren Schallwellen versucht sie gerade, sich ein Bild der Lage zu machen.

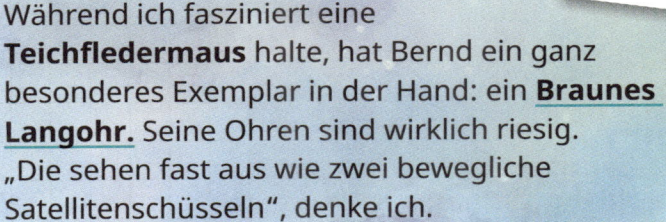

Während ich fasziniert eine **Teichfledermaus** halte, hat Bernd ein ganz besonderes Exemplar in der Hand: ein **Braunes Langohr.** Seine Ohren sind wirklich riesig. „Die sehen fast aus wie zwei bewegliche Satellitenschüsseln", denke ich.

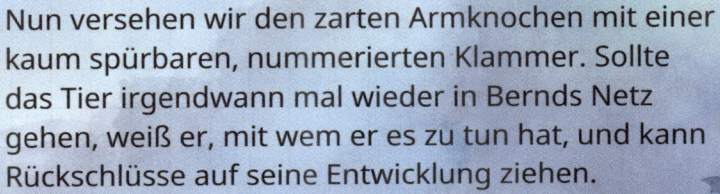

Nun versehen wir den zarten Armknochen mit einer kaum spürbaren, nummerierten Klammer. Sollte das Tier irgendwann mal wieder in Bernds Netz gehen, weiß er, mit wem er es zu tun hat, und kann Rückschlüsse auf seine Entwicklung ziehen.

Wir fangen noch einige Teichfledermäuse und Braune Langohren, deren Daten wir notieren. Dies sind natürlich nicht die einzigen Fledermausarten in Deutschland, da gibt's noch ein paar mehr ...

ARTEN UND GEFAHREN

Weltweit gibt es um die 1300 verschiedene Fledermausarten. Die meisten leben in tropischen Gebieten. In Deutschland sind 25 Arten zu Hause.

Die **Große Hufeisennase** ist die seltenste Fledermaus Deutschlands. Die meisten Exemplare wurden in der Oberpfalz in Bayern gesichtet.

Die **Mückenfledermaus** ist die kleinste Art bei uns. Sie ist etwa drei bis fünf Zentimeter groß, also in etwa so wie eine Streichholzschachtel.

Der **Große Abendsegler** ist die größte Fledermausart in Deutschland. Seine Flügelspannweite beträgt bis zu 40 Zentimeter!

Fast alle Fledermausarten bei uns gelten als gefährdet.

Dafür gibt es mehrere Gründe, zum Beispiel:

Weniger Lebensräume

Viele natürliche Lebensräume der Tiere werden zerstört, wenn Wälder abgeholzt, Höhlen verschlossen oder alte Dachböden und Scheunen renoviert werden.

Insektengifte

Setzt die Landwirtschaft Insekten-
gifte ein, gibt es weniger Insekten
- also Nahrung - für Fledermäuse.
Oder sie fressen vergiftete Insekten
und sterben daran.

Windkraftanlagen

Forschungen haben gezeigt, dass Windkraft-
anlagen für Fledermäuse ein Problem sind.
Fliegen sie in die Nähe der sich bewegenden
Rotorblätter, führen die dortigen Druck-
unterschiede zu inneren Verletzungen und
zum Tod der Tiere.

Dort, wo Fledermäuse vorkommen, ist das ein
Zeichen, dass es der Natur gut geht. Wer
sie im Garten entdeckt, sollte
sich also freuen - und dass
sie Stechmücken und
Pflanzenschädlinge
futtern, ist doch
auch nicht schlecht.

Nach einigen Stunden geht mein Abenteuer hier
an der Höhle zu Ende. Rund fünfzehn Tiere warten
darauf, von uns wieder in die Freiheit entlassen zu
werden. Wir öffnen den großen Behälter, in dem wir
sie nach dem Vermessen untergebracht hatten.

*Kein Wunder,
wir haben ja
schließlich
die Nacht
zum Tag
gemacht.*

„Na, dann flattert mal los!", sage ich etwas müde.
Und schwupps, verschwinden die Ultraschall-Flieger
im Dunkeln, als wären sie nie da gewesen.

Ich konnte Tiere aus nächster Nähe erleben, die
für uns Menschen meist im Verborgenen bleiben.
Vor allem, wie flink und geschickt sie dank ihres
Echo-Ortungssystem durch die Lüfte düsen, hat
mich echt beeindruckt.

Ach ja: Im Gegensatz zu uns Menschen können Hunde
die Töne der Fledermäuse übrigens hören. Schade,
dass Caramelo mir nicht berichten kann, was er auf
unseren Nachtwanderungen so alles mitbekommt,
vielleicht war ja auch schon das ein oder andere
Fledermausgespräch dabei ...

Antworten

Wie finden sich Fledermäuse im Dunkeln zurecht?
Sie stoßen für uns nicht hörbare Töne aus. Die
Schallwellen treffen auf Objekte in der Umgebung,
werden zurückgeworfen, von den Fledermausohren
wieder aufgenommen und geben dem Tier dadurch
ein Bild der Umgebung.

Welche Arten gibt es bei uns und wo leben sie?
In Deutschland gibt es 25 Arten, zum Beispiel
Teichfledermaus, Große Hufeisennase oder
Abendsegler. Sie wohnen in Höhlen, Baumlöchern,
Scheunen oder auf Dachböden.

Wie ist es, einer Fledermaus nahe zu kommen?
Sehr beeindruckend. Sie fühlt sich klein, zart,
zerbrechlich, leicht und weich an.

Mein Krass-das-vergesse-ich-nie-Moment
Als ich ein Tier in der Hand hielt und dachte:
Eine Mischung aus Maus und Vogel – irgendwie
absonderlich, aber doch auch schön.

Fledermäuse sind ja recht kleine Tiere. Auf meiner
nächsten Expedition wird es einige Nummern
größer – und gefährlicher! Wieder reise ich nach
Afrika und diesmal komme ich einer Raubkatze
sehr nahe.

Mission 4:

Geparde –
die Schnellsten auf vier Pfoten

oder
Freiheit für Athena!

Ich treffe Tierschützer in Namibia, dem Land mit den meisten Geparden der Welt. Hier helfe ich bei einer Not-OP und soll Gepardin Athena in die Freiheit entlassen.

Atemberaubende Landschaften, beeindruckende Tiere, Wildnis pur: Afrika ist ein spektakulärer Kontinent. Löwen, Elefanten, Nilpferde – hier leben jede Menge große und faszinierende Tiere. Und auch das schnellste! **Der Gepard.** Kein Landtier würde gegen ihn im 100-Meter-Lauf gewinnen. ⟶

Noch nicht mal Caramelo, wenn er einer Frisbee hinterher jagt.

Nur leider bewahrt ihn das nicht vor der Gefahr, für immer von der Erde zu verschwinden.

Ich will wissen:

Meine Faktenfragen:
1. Wieso könnten Geparde aussterben und wie kann das verhindert werden?
2. Wie schaffen sie es, ihre Rekordgeschwindigkeit zu erreichen?

Meine ganz persönliche Forscherfrage:
Tauge ich zum Gepardenschützer und kann vor Ort etwas für die Tiere tun?

SPOILER-ALARM!

Auf den nächsten Seiten steht, warum die **Fähigkeiten eines Gepards** einen **Rennfahrer** vor Neid erblassen lassen.

Mein Bericht von
der Gepardenrettung

NAMIBIA
Otjiwarongo

Pffffft – ein Pfeil zischt durch die sengende Mittagshitze und trifft eine Gepardin an der rechten Schulter. Sie zuckt zusammen, wankt, legt sich nach einigen Sekunden wackelig ins hohe Gras und schläft widerwillig ein. Als wir uns nähern, sehe ich ihr blutiges Bein und erschrecke: **Sie braucht dringend Hilfe. Die Rettungsaktion beginnt.**

Cheetah Conservation Fund. Übersetzt etwa: ← *Geparden-schutz-organisation.*

Ich bin in Afrika, um genau zu sein in Otjiwarongo im Norden Namibias, und gerade unterwegs mit Dr. Laurie Marker und ihren Leuten vom Geparden-Schutzzentrum CCF. Als vorhin die Meldung über ein humpelndes Tier einging, durften sie keine Zeit verlieren. Schon länger lebt diese Gepardin auf den quadratkilometergroßen Freiflächen des Schutzzentrums und eigentlich sollte sie bald in die Wildnis entlassen werden. Doch daraus wird erst mal nichts.

Wir hieven sie auf die Ladefläche. Eine Kanüle wird gelegt und ich soll einen Infusionsbeutel hochhalten. Die Flüssigkeit läuft durch einen Schlauch in ihre Blutbahnen, damit der Kreislauf von Jacomina – so wird die Gepardin genannt – stabil bleibt.

Dann betrachte ich die Fleischwunde am linken Hinterbein. „Das arme Tier, das muss ja höllisch weh tun!", denke ich. „Ob sie sich die Wunde beim Jagen zugezogen hat?"

Nun atme ich erst mal durch und schaue mir Jacomina genauer an.

Ihr Körper: ähnlich dem einer Hauskatze, nur größer und muskulöser. Das Fell: übersät mit unregelmäßig verteilten dunklen Flecken. Noch nie war ich einer →
Wildkatze so nah!

Ihre Augen wurden mit einer Maske bedeckt und die Ohren mit Watte verstopft. Sollte sie langsam aufwachen, bekäme sie dadurch von dem ganzen Trubel kaum was mit. „Sieht ein bisschen aus wie ein schlafender Fahrgast im Zugabteil, der mürrisch sein Ticket rauskramt, wenn er vom Schaffner geweckt wird", denke ich. Doch der Ernst der Lage unterbricht meine Gedanken. „Wir können ihr hier nicht helfen", sagt die Tierärztin angespannt. Ich springe auf die Ladefläche des Transporters, klammere mich fest und wir düsen Richtung Tierklinik.

Dort angekommen wird Jacomina sofort von einem Team versorgt. Über eine Klammer an ihrer Zunge werden Puls und Sauerstoffgehalt im Blut überwacht.

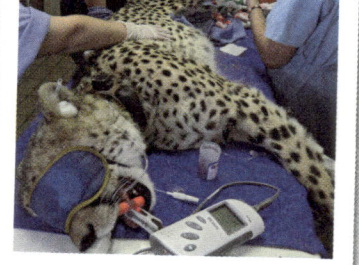

93

Geparde gehören zu den <u>gefährdeten Tierarten</u>.
Laurie und ihr Team kümmern sich intensiv um Tiere,
die verletzt sind oder von Farmern eingefangen
wurden, sowie um verwaiste Jungtiere. Außerdem
erforschen sie Geparde und deren Lebensraum, um
die Tiere besser zu verstehen und dadurch die Art
erhalten zu können.

Mehr dazu
steht auf der
übernächsten
Doppelseite.

Was ist eigentlich ein ... Gepard?

- Säugetier, Raubtier. Familie der Katzen
- lebt überwiegend im Süden und Osten Afrikas
- rund 1,50 m lang und etwa 60 kg schwer
- Lebenserwartung bis zu 15 Jahre
- jagt Gazellen und Antilopen
- natürliche Feinde: Löwen, Leoparden, Tüpfelhyänen

Uns wird schnell klar: Jacominas Wunde ist tiefer
als gedacht und befindet sich direkt über dem
Gelenk. Das macht die Versorgung kompliziert,
denn diese Stelle wird immer wieder <u>bewegt
und stark beansprucht.</u>

*Kennt man ja
zum Beispiel
von seinem
eigenen Knie.*

Das Team diskutiert, welche Behandlung nun
erfolgen soll. Ich stehe etwas unbeholfen daneben
und versuche, mir einen Reim aus dem zu machen,
was ich aufschnappe: Druckverband, Schiene,
nähen, klammern ... Mir schwirrt der Kopf.

„Eric!" Ich zucke zusammen.

„Bitte halte das Bein in diesem Winkel hoch, wir nähen jetzt", sagt die Ärztin. Ich will nichts falsch machen und merke, wie mir vor Aufregung ein dicker Schweißtropfen die Stirn runterkullert. Dass ich hier in Namibia zum Geparden-Operations-Helfer werde, hätte ich echt nicht erwartet.

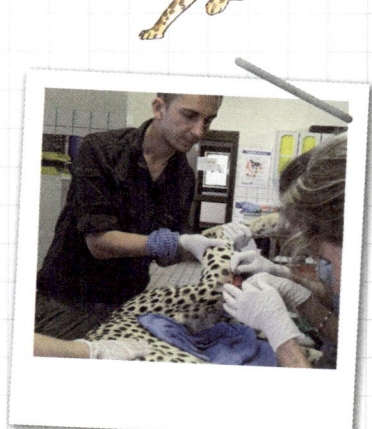

Damit die Naht gleichmäßig wird, darf sich die Position des Beines nun nicht mehr verändern. Der Muskel in meinem rechten Arm beginnt vor Anspannung zu zittern. Das ist nicht gut. Eine Stimme in meinem Kopf mahnt: „Eric an Muskel – reiß dich zusammen, wir retten hier schließlich gerade ein Tier!" Zum Glück hört er auf mich ...

Nach etwa 30 Minuten sagt Laurie: „Geschafft, die Naht sieht super aus, entspann dich, Eric." Wir heben Jacomina in eine große Box, in der sie ungestört aufwachen kann. **Behandlung geglückt!**

Wenn alles verheilt ist, kann sie ausgewildert werden. Dann ist ihr durchtrainierter Geparden-Körper wieder fit – und der hat es echt in sich.

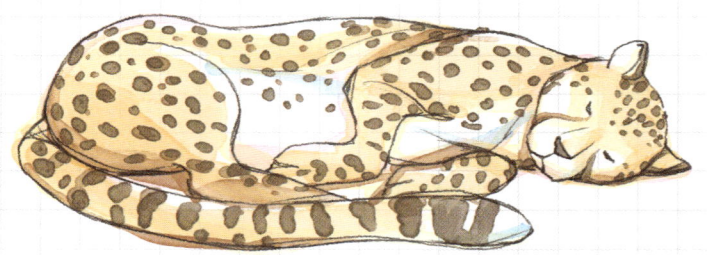

PERFEKTE JÄGER

Geparde pirschen sich erst langsam an ihre Beute heran und rennen dann blitzschnell auf sie zu, um sie zu Fall zu bringen.

Augen: Können bei Dunkelheit gut sehen. Schwarze Streifen von den Augen zum Mund heißen „Tränenstreifen". Sie bewirken, dass das Sonnenlicht weniger blendet.

Fellmuster: Perfekt zum Verstecken und Anpirschen im Sonne-Schatten-Mix der afrikanischen Savanne.

Atemwege: Große Lungen und Bronchien sowie weite Nasenhöhlen für schnelle Luftzufuhr.

Gebiss: Eher klein für eine Raubkatze. Mit einem Biss in die Kehle wird die Beute erstickt, nachdem sie zuvor zum Stolpern gebracht wurde.

Beine: Schlank und lang, für große Sprünge. Ein Sprung = rund sieben Meter.

Alles an ihnen ist optimal für die Jagd und schnelle Sprints. Sie gelten als die erfolgreichsten Jäger aller Raubkatzen.

Wirbelsäule:
Besonders biegsam, ermöglicht schnelle Richtungswechsel bei voller Geschwindigkeit.

Körperbau:
Schlank, mit etwa 60 Kilogramm relativ leicht und dadurch sehr wendig.

Schwanz: Rund 70 Zentimeter lang. Hilft bei enormer Geschwindigkeit und Zickzack-Kurs, die Balance zu halten.

Pfoten: Besonders gepolsterte Sohlen und Krallen, die sich nicht einfahren lassen, garantieren die perfekte Bodenhaftung.

Muskeln:
Sehr stark. Dadurch ist Lossprinten aus dem Stand kein Problem.

BEDROHTE GEPARDE

Es gibt nur noch knapp
7000 ausgewachsene Geparde,
und die Zahl sinkt weiter.
Einige Gründe:

Die Zahl kleiner Privatfarmen von einheimischen
Bauern steigt. Von diesen Flächen werden
Wildtiere verdrängt.

Außerdem gibt es riesengroße Flächen für
die Viehzucht. Auf denen ist zwar Platz
für Geparde, aber oft fehlen hier die
Beutetiere. Und: Auf den abgegrasten
Flächen wächst dichtes Dornengestrüpp.
Die Wildkatzen nutzen es als Versteck
beim Anpirschen, doch es nimmt ihnen
die Freiflächen zum Rennen und Jagen.

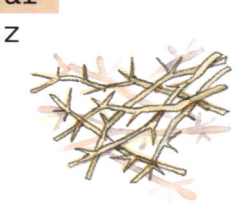

Und schließlich werden die Tiere gefangen oder
getötet, da sie auch immer wieder Farmtiere
erbeuten.

Schutzprojekte suchen zusammen mit den Farmern
nach Lösungen: Sie siedeln Geparde in Gebiete
um, in denen sie niemanden stören.
Außerdem besorgen sie Wachhunde, die
Geparde von den Farmtieren fernhalten,
oder verlegen Rinderherden dahin, wo
keine Geparde leben.

Dann haben die Farmer keinen Grund mehr, die Tiere zu töten.

WOW!-WISSEN

KURZSTRECKEN-REKORD

Geparde sind die schnellsten Tiere auf vier Beinen. In etwa drei Sekunden beschleunigen sie auf unfassbare 93 km/h. Bei einem Hundert-Meter-Rennen würden sie damit fast jeden Rennwagen abhängen.

Allerdings sind sie Kurzstreckenchampions. Nach rund 500 Metern ist Schluss mit dem Tempo. Wenn die Beute bis dahin nicht erwischt wurde: Pech gehabt! Denn der Sprint war so anstrengend, dass der Gepard sich erst mal ausruhen muss.

Zurück auf den großen Freiflächen des Schutzzentrums packe ich wieder mit an. Für einen zartbesaiteten Vegetarier wäre das hier nicht gerade

der richtige Job, aber es ist ja für einen guten Zweck: Ich schleppe einen riesigen Batzen Antilopen-Fleisch in einen Käfig. Urgs. Bisschen eklig. Aber nötig! **Wir wollen Gepardin Athena damit anlocken, um sie heute auszuwildern.**

Vor Monaten wurde sie von einem Farmer eingefangen und dabei an der Pfote verletzt. Laurie und ihre Leute haben sie aufgepäppelt und jetzt ist es an der Zeit, sie an einen Ort in der Wildnis zu bringen, an dem sie niemanden mehr stört.

Diese wilde Gepardin soll also ohne Betäubung in den Käfig hinein. „Na klar", denke ich, „nix leichter als das! Vielleicht rede ich einfach mal mit ihr und bitte sie, in den Käfig zu spazieren ... Soll ich ihr auch gleich noch die Krallen schneiden und die Zähne putzen?" Es scheint mir ein Ding der Unmöglichkeit zu sein, was wir hier vorhaben.

Wir warten in sicherer Entfernung und beobachten, wie Athena, vom Geruch des Fleisches angelockt, misstrauisch um den Käfig schleicht. Plötzlich blickt sie in unsere Richtung und faucht, dass es mir durch Mark und Bein geht. „Krass. Sie ist so beeindruckend!", denke ich. Kurz wirkt sie verunsichert, als durchschaute sie unseren Plan. Wenn sie jetzt wegrennt, fällt die Auswilderung erst mal ins Wasser. Bei Caramelo klappt es immer, wenn ich ihn nach Waldgassirunden mit Leckerli zurück ins Auto locke. Wirkt der Köder auch hier?

„Wie, was? Hat da gerade jemand Leckerli gesagt?"

JA! Tatsächlich! Athenas Hunger scheint einfach zu groß. Langsam schleicht sie in den Käfig und **RUMMMS! Die Tür fällt zu. Wir haben sie.**

Schnell wird die Transportbox aufs Auto geladen und wir fahren los. In der Nähe eines Wasserlochs soll sie sich ihr neues Revier suchen.

Eineinhalb Stunden später schlägt mein Herz bis zum Mond und wieder zurück. Ich stehe auf der großen Metallbox. „Alle bereit für den entscheidenden Moment?", ruft Laurie.

Ähh ... ehrlich gesagt ... ich weiß nur, dass ich jetzt die Falltür hochziehen und so die Gepardin in die Freiheit entlassen soll. „Und was, wenn sie zu mir hochspringt?" – „Nein, sie will weg!", sagt Laurie. **„Drei, zwei, eins – LOS!"**

Ich öffne die Luke, Athena rast mit voller Gepardenpower heraus, schaut sich kurz um und sucht dann das Weite. Ab in die Freiheit. Per Sendehalsband werden die Tierschützer sie in den nächsten Wochen verfolgen und darauf achten, dass sie in der Wildnis gut zurechtkommt.

Für Athena hat ein neues Leben in Freiheit begonnen, im eigenen Revier ohne Farmer und mit ausreichend Beutetieren. **Ich durfte etwas dazu beitragen, das schnellste Landsäugetier der Welt vor dem Aussterben zu bewahren – ein total tolles Gefühl!**

Antworten

Wieso könnten Geparde aussterben?
Auf den Farmland-Flächen wird der natürliche Lebensraum der Tiere stark verändert. Manche Farmer töten Geparde, weil sie Nutztiere reißen. Es gibt bereits Ideen zum Schutz der Geparde, aber Wissenschaftlerinnen, Tierschützer und Farmer müssen gemeinsam weiter nach Lösungen suchen.

Wie erreichen sie ihre Rekordgeschwindigkeit?
Leicht, muskulös, flexible Wirbelsäule und große Lungen: Der Körper eines Gepards ist perfekt für schnelle Sprints.

Tauge ich zum Gepardenschützer?
Ich konnte mich in der Tierklinik nützlich machen und bei der Auswilderung assistieren. Natürlich durfte ich den Geparden nur unter der Anleitung der Fachleute näherkommen.

Mein Krass-das-vergesse-ich-nie-Moment
Als Athena Richtung Wasserloch rannte. Voll das Glücksgefühl, einem wilden Tier zu helfen und ihm die Freiheit zurückzugeben!

Geparden sind leider nicht die einzigen Tiere, die irgendwann von unserem Planeten verschwunden sein könnten. Immer mehr Arten drohen auszusterben. Dazu habe ich mich mal schlau gemacht.

Mission S.

DIE VIELFALT DES LEBENS ...

... auf unserem Planeten wird auch als „Biodiversität" oder „biologische Vielfalt" bezeichnet. Wüsten und Wälder, Meere und Hochgebirge, Elefanten und Mücken, Pilze und Bakterien, Palmen und Kakteen ... unsere Natur hat unvorstellbar viel zu bieten. Zur Biodiversität auf der Erde gehören drei Bereiche.

1.Vielfalt der Arten

Hund, Gänseblümchen,
Eidechse … um alle Tier-
und Pflanzenarten aufzuzählen,
bräuchte ich unzählige Notizbücher.
Wie viele genau? Keine Ahnung! Denn
die meisten Arten haben wir noch
gar nicht entdeckt! Bisher sind etwa
1,8 Millionen Tier- und Pflanzenarten
erfasst, Experten schätzen aber, dass
es noch viele Millionen mehr sind.

2.Vielfalt der Lebensräume

Ob Meer, Wiese oder Gartenteich: Verschiedene
Lebewesen benötigen verschiedene Lebensräume.
Die Gesamtheit eines Lebensraums mit den
darin lebenden Arten und ihren
Beziehungen zueinander nennt man
„Ökosystem". Die Lebewesen in
einem Ökosystem sind miteinander
vernetzt. Zum Beispiel bilden
Blumen, Gräser, Bäume,
Erde, Insekten,
Vögel und viele
andere zusammen das
Ökosystem Wiese.

105

3.Vielfalt innerhalb einer Art

Auf so einem DNA-Strang liegen Erbinformationen.

Schließlich gehört zur Biodiversität noch dazu, dass es auch innerhalb einer Art Vielfalt gibt. Denn existieren viele Exemplare einer Art, bekommen sie eher gesunde Nachkommen, als wenn sich nur wenige Exemplare miteinander fortpflanzen. Warum? Dabei spielen die Gene eine wichtige Rolle. Sie befinden sich in den Zellen jedes Lebewesens und sind die Träger der Erbinformationen. Bei der Fortpflanzung vermischen sie sich. Und je mehr Durchmischung der Gene, desto besser.

Mehr dazu steht bei den Giraffen auf Seite 125.

Die Vielfalt unserer Natur verändert sich übrigens ständig. Seit es Leben auf der Erde gibt, entwickeln sich immer wieder neue Tier- oder Pflanzenarten und andere verschwinden, da sich die Lebensbedingungen für sie verändert haben – das ist ein ganz natürlicher Prozess.

*Die Erbinformationen der Lebewesen verändern sich im Laufe der Generationen. Auf diese Weise entwickeln sich die Arten langsam weiter. Das nennt man: **Evolution!***

VIELFALT IN GEFAHR

Seit es uns Menschen gibt, hat sich das Aussterben der Arten beschleunigt.

den Report des „Weltbiodiversitätsrates der Vereinten Nationen"

Im Jahr 2019 haben Wissenschaftlerinnen und Wissenschaftler einen Bericht herausgebracht. Darin steht, dass auf unserer Erde derzeit ein Massenaussterben stattfindet. In einer rasanten Geschwindigkeit verschwinden immer mehr Arten. Rund eine Million Arten sind vom Aussterben bedroht.

Der Bericht nennt den Klimawandel und die Umweltverschmutzung, vor allem aber die menschliche Nutzung von Landflächen und den Meeren als Gründe dafür, dass natürliche Lebensräume stark verändert werden. Täglich verschwinden etwa 100 bis 150 Arten von der Erde.

Auch Tiger, Orang-Utan und Eisbär gehören zu den gefährdeten Tierarten.

MENSCHEN BRAUCHEN BIODIVERSITÄT

Auch wir Menschen sind ein Teil des Gesamt-ökosystems Erde. Nimmt die Vielfalt des Lebens auf unserem Planeten weiterhin so schnell ab, wird das zu immer mehr Problemen führen.

Eine gesunde Natur ist wichtig für uns. Wir brauchen Nahrung, Luft zum Atmen, sauberes Wasser, Rohstoffe und ein lebenswertes Umfeld. Je mehr wir von unserer natürlichen Umwelt zerstören, desto größer ist die Gefahr, dass das Zusammenspiel in der Natur nicht mehr richtig funktioniert oder das ganze System irgendwann sogar zusammenbricht.

Der Klimawandel ist ein Beispiel dafür, dass Veränderungen in diesem System für uns bereits zum Problem werden.

Was jetzt an biologischer Vielfalt verloren geht, ist für immer verloren.

Der Schutz der Biodiversität ist extrem wichtig. Wir können sie nur erhalten, wenn Politikerinnen und Politiker, Unternehmen und jeder Einzelne bei ihren Entscheidungen berücksichtigen, dass die Natur geschützt werden muss.

WOW!-WISSEN

ARTENVIELFALT

Im Jahr 2012 erlangte die **Pinta-Riesenschildkröte** namens **„Einsamer George"** weltweit traurige Berühmtheit. George stammte von den Galapagos-Inseln und war die allerletzte Schildkröte seiner Art.

Forscher hofften immer wieder, er würde wenigstens mit artverwandten Schildkröten Nachkommen zeugen. Doch alle Versuche scheiterten.

Der „Einsame George" starb mit etwa 100 Jahren – und mit ihm seine gesamte Art.

Giraffen –
höher ist keiner

oder

Als Umzugshelfer
in der Savanne

Wieder bin ich in Namibia unterwegs. Ich helfe dabei, Giraffen einzufangen und sie an einen anderen Ort umzusiedeln.

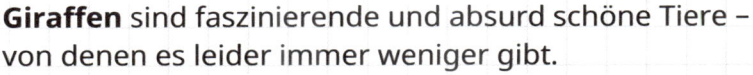

Also, hätte ich mal die Chance, ein Interview mit Mutter Natur zu führen, würde ich mit Sicherheit fragen: Wie bist du denn bitte auf DIE Idee gekommen? Ein Tier, so hoch wie ein Haus, mit einem Hals, der so lang ist, dass es doch eigentlich umkippen müsste. Es ist bis zu eineinhalb Tonnen schwer, hat aber stelzenartige Beine, die im Verhältnis aussehen wie dünne Streichhölzer. Insgesamt irgendwie ein Mix aus geflecktem Pferd und Langhals-Dino.

Giraffen sind faszinierende und absurd schöne Tiere – von denen es leider immer weniger gibt.

Das interessiert mich besonders:

Meine Faktenfragen:
1. Was führt dazu, dass die Zahl der Giraffen abnimmt, und was kann man dagegen tun?
2. Wie läuft eine Giraffenumsiedlung ab?

Meine ganz persönliche Forscherfrage:
Wie „verpacke" ich den Kopf einer Giraffe sicher für den Transport?

SPOILER-ALARM!
Hier steht, warum einem kotzübel werden kann, wenn man sich einer Giraffe nähert.

Mein Bericht von der Giraffenumsiedlung

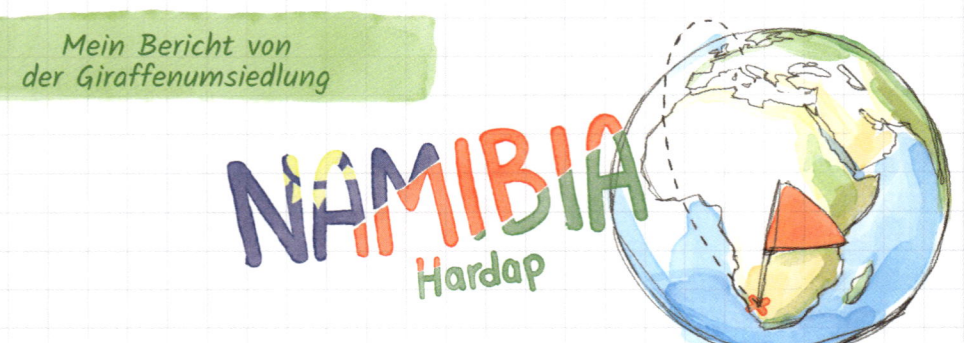

NAMIBIA
Hardap

Sieben Uhr morgens, noch ziemlich kühl, aber mir wird total warm ums Herz. Ich stehe auf diesem schmalen Weg, mitten in der afrikanischen Savanne, und sehe die Sonne aufgehen. Ganz langsam schiebt sie sich über den Horizont und taucht alles in ein hellgelbes, durchdringendes, lebendiges Licht. „Guten Morgen, Afrika!“, denke ich. Und obwohl ich diesen Kontinent für meine Tiermissionen zum ersten Mal bereise, habe ich ein Gefühl, als wäre ich vor langer Zeit schon mal hier gewesen. Fast, als käme ich nach Hause. Ich muss selbst ein bisschen schmunzeln über meine Gefühlsduselei, aber irgendwie berührt mich diese afrikanische Natur tief. Es ist wahnsinnig toll, hier zu sein.

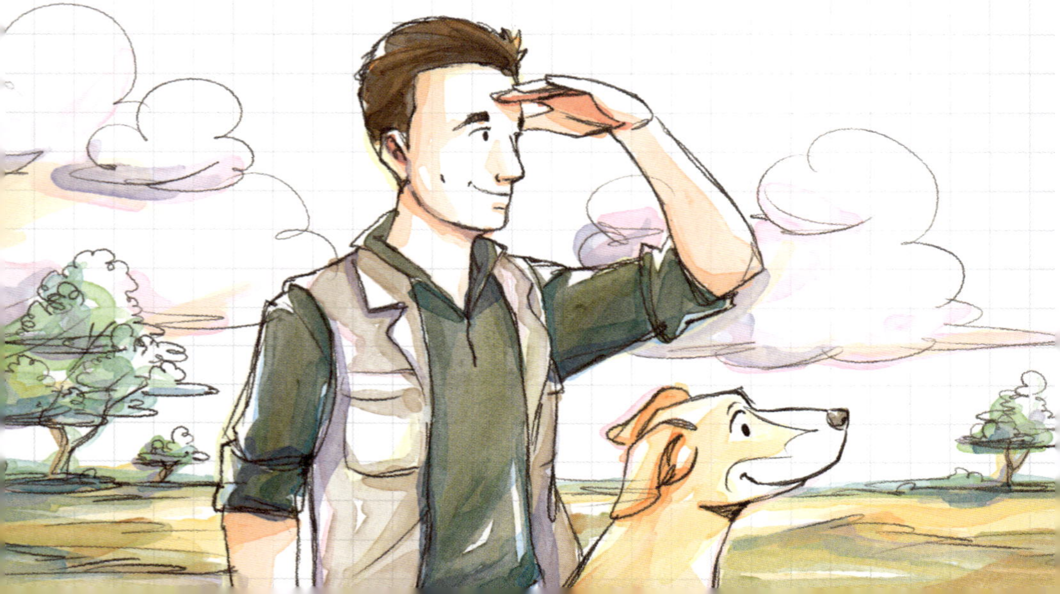

Für meine nächsten beiden Wissensmissionen bin ich mit Ulf unterwegs, einem deutschstämmingen Tierarzt, der hier in Nambia lebt und arbeitet. Er, sein Team und ich wollen heute etwas dafür tun, die **Giraffen Afrikas vor dem Aussterben zu bewahren.** Na, wenn das mal kein hochgestecktes Tagesziel ist.

Mit drei Geländewagen startet unser fast zehnköpfiges Team in Richtung Giraffenherde. Das Ziel: drei Tiere herausfangen und in ein anderes Gebiet umsiedeln.

Auf Seite 125 steht, warum Umsiedlungen gut für Giraffen sein können.

Mit im Gepäck: eine Art Giraffen-Fang-Set mit Seilen, Betäubungspfeilen und riesigen Ohrstopfen, für deren Einsatz ich später zuständig sein werde. Was für Klopper! Ein bisschen erinnern sie mich an die Enden eines überdimensionierten Wattestäbchens. Die höchsten Tiere der Welt haben anscheinend ganz schön tiefe Gehörgänge. „Na, dann bekommt ihr von mir auch noch eine Ohrenreinigung gratis dazu …", denke ich.

Nach etwa einer halben Stunde Fahrt erreichen wir die Herde. Fast 20 Giraffen auf freiem Gelände. Was für ein Anblick. Friedlich stehen sie da, fressen oder spazieren seelenruhig durch die Landschaft. Aber so friedlich bleibt es nicht: Ulf legt das Betäubungsgewehr an, zielt, drückt ab – und trifft!

Es dauert nur wenige Sekunden, dann fängt die getroffene Giraffe an zu schwanken, während die anderen die Flucht ergreifen. Ihre langen Beine werden wacklig und dieses riesige Tier geht zu Boden. LOS! Wir sprinten aus den Autos, denn wir dürfen keine Zeit verlieren: Im Liegen könnte der Mageninhalt über den langen Hals in die Atemwege gelangen und eine Lungenentzündung verursachen.

Mit einem beherzten Griff hievt Ulf sofort den Kopf hoch. Benommen schaut die Giraffe umher. Damit sie in ihrem Halbschlaf möglichst wenig von dem ganzen Tohuwabohu mitbekommt, bereite ich schnell die Ohrstopfen vor. Obwohl ich vorher jeden Handgriff durchgegangen bin, ist es jetzt, als hätte jemand bei einem Actionfilm auf die Vorspultaste gedrückt, so sehr rast das zackige Geschehen an mir vorbei. Anweisungen schwirren durch die Luft:

Seil! Kopf verpacken! Auto holen!

Schnell stopfe ich die Ohren zu und umwickele sie, damit die Wattepfropfen nicht rausfallen können. Dann bekommt die Giraffe noch eine Maske über die Augen und ein Seil wird um Kopf und Hörner geschlungen.

Als Nächstes wird ein Mittel gegen die Betäubung gespritzt. „Aber wäre es nicht besser, sie so ruhiggestellt zu transportieren?" Ulf verneint: „Die Betäubung ist eine Belastung für den empfindlichen Kreislauf der Giraffe. Beim Transport wird sie wach sein und stehen. Mach dich bereit, sie wird wieder aktiver, höchste Aufmerksamkeitsstufe!"

Es dauert nur Sekunden und ich merke, wie die Energie in das Tier zurückkehrt. Die Aufwachspritze wirkt. Wir geben der Giraffe einen kraftvollen Schubser in die Seite, damit sie aufsteht. Und bevor sie wild umhertreten kann, leitet das Team sie am Seil in den Anhänger.

Treffen einen die Hufe einer austretenden Giraffe, kann das zu schweren Verletzungen führen!

Uff! Ich setze mich ins hohe Gras und atme tief durch. Ein wildes Tier einzufangen ist ein ganz schöner Ritt! Noch ist die Mission nicht zu Ende – aber erst mal einige Infos zu den höchsten Tieren der Erde!

Was ist eigentlich eine ... Giraffe?

- Säugetier, Wiederkäuer und Paarhufer
- lebt im Osten und Süden Afrikas
- vier bis knapp sechs Meter hoch
- Lebenserwartung in der Wildnis: rund 25 Jahre
- frisst Äste, Blätter, Gras
- Natürliche Feinde: Löwen, Leoparden, Hyänen. Sie jagen vor allem die Jungtiere.

DIE HÖCHSTEN SÄUGETIERE

Giraffen leben meist in verschieden großen Herden. Männchen, Bullen genannt, sind auch oft Einzelgänger. Ihr Lebensraum sind vorwiegend die Savanne und die Grassteppe des östlichen und südlichen Afrikas.

Größe

Weibchen werden bis zu 4,5 und Männchen fast 6 Meter hoch. Schon bei der Geburt sind Giraffen größer als ein ausgewachsener Mensch.

Fleckiges Fell

Das Fellmuster ist bei jedem Tier einzigartig. Die Flecken dienen der Tarnung und regulieren die Körpertemperatur: Die Adern direkt darunter können mehr oder weniger durchblutet werden und so mehr oder weniger Körperwärme abgeben.

Fressen

Sind reine Vegetarier. Sie fressen am Tag 35 Kilogramm oder mehr, am liebsten Akazienblätter.

Hörner
Giraffen haben kurze, zapfenartige, mit Fell überzogene Hörner. Bei den Weibchen sind oben noch kleine Fellbüschel drauf.

Hals
Um die zwei Meter lang. Trotz seiner Länge hat der Giraffenhals auch nur sieben Halswirbel, wie bei uns Menschen. Männchen schlagen ihre Hälse im Kampf mit großer Wucht aneinander.

Zunge
Rund 50 Zentimeter lang, rau und bläulich-lila. Blätter werden damit problemlos abgezogen wie mit einem Greifarm. Hält sogar Dornen aus.

Beine
Etwa zwei Meter lang. Giraffen können bis zu 55 km/h schnell rennen. Ein gezielter Tritt mit den Hufen kann für einen Löwen und andere Feinde tödlich enden.

GROßES HERZ

Das Herz-Kreislauf-System der Giraffe leistet Schwerstarbeit. Schließlich muss das Blut über den langen Hals bis in den Kopf gepumpt werden! Daher haben Giraffen ein superstarkes Herz. Es wiegt etwa elf Kilogramm und kann bis zu 60 Liter pro Minute durch den Körper pumpen. Dafür ist ein enormer Blutdruck nötig. Er ist mehr als doppelt so hoch wie bei uns Menschen und damit der höchste Blutdruck aller Säugetiere.

Zum Vergleich: Bei einem Menschen im Ruhezustand sind es etwa 5 Liter pro Minute.

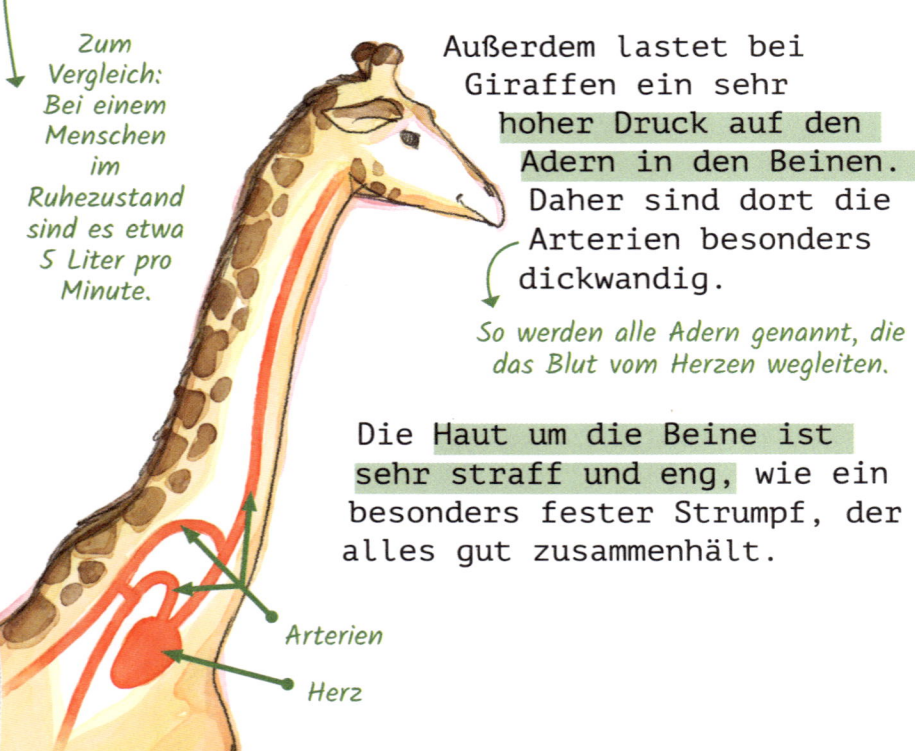

Außerdem lastet bei Giraffen ein sehr hoher Druck auf den Adern in den Beinen. Daher sind dort die Arterien besonders dickwandig.

So werden alle Adern genannt, die das Blut vom Herzen wegleiten.

Die Haut um die Beine ist sehr straff und eng, wie ein besonders fester Strumpf, der alles gut zusammenhält.

Arterien

Herz

WOW!-WISSEN

MIEFIGE GESELLEN

Das Fell von Giraffen verströmt einen **bestialischen Gestank** – also zumindest könnte uns Menschen davon kotzübel werden.

Der Geruch war mir an der frischen Luft bei der Umsiedlung zum Glück gar nicht so in die Nase gestiegen.

Forscher gehen davon aus, dass sich die Tiere dadurch zum Beispiel vor blutsaugenden Insekten schützen.

Bei den Männchen ist der Geruch meist am stärksten. Vermutlich signalisieren sie damit den Weibchen: „Hey, ich stinke besonders toll, habe also keine Schädlinge im Fell."

Die erste Giraffe steht stabil und ruhig im Hänger, und wir fahren der Herde hinterher, um Nummer zwei für die Umsiedlung einzufangen. Dann läuft alles ab wie vorhin: Ulf betäubt, eine Giraffe geht langsam zu Boden, wir rennen hin und heben sofort ihren Hals an. Ich kümmere mich wieder um den Kopf und wir geben die Aufwachspritze, um ihren Kreislauf durch die Betäubung nicht zu sehr zu belasten.

Bei der ganzen Aktion konzentriere ich mich so sehr auf meine Aufgabe, dass ich kaum noch mitbekomme, was um mich herum passiert. Totaler <u>Tunnelblick.</u>

Nennt man so, wenn man sich so sehr mit einer Sache beschäftigt, dass alles andere drumherum ausgeblendet wird.

Flink sausen meine Hände um den Giraffenkopf und „verpacken" ihn vorsichtig wie eine teure Vase, die für den Umzug vorbereitet wird. Nach nicht mal einer Minute halte ich schon die Hörner mit festem Griff umklammert. **Das Seil sitzt und die Aufwachspritze wird gegeben. Und dann passiert es ...**

Bei dieser Giraffe wirkt das Mittel so stark, dass sie blitzschnell aufsteht und losgaloppieren will. Doch als sie merkt, dass sie wegen des Seils nicht weg kann, beginnt sie, unkontrolliert in der Gegend herumzuspringen und um sich zu treten. Ulf hält das Seil fest in den Händen und andere aus dem Team eilen ihm zu Hilfe.

Auf keinen Fall darf die Giraffe jetzt abhauen! Sie sieht nichts und könnte sich schwer verletzen.

Immer näher hüpft sie Richtung Hänger. **„Autos weg, SOFORT, FAHRT ALLE AUTOS WEG!"**, schreit Ulf.

Die Situation ist für einen Moment so unübersichtlich, dass ich wie angewurzelt stehen bleibe. Doch dann fällt mir ein, was Ulf mir eingeschärft hat. „Gerät eine Giraffe außer Kontrolle, renn, so schnell du kannst!" Ich besinne mich, drehe mich um und sprinte im Turbogang los. **NIX WIE WEG!**

Weiß nicht, wer mehr Panik hat: Die Giraffe oder ich!

Es dauert, bis die Giraffe ruhiger wird und sich Richtung Hänger leiten lässt. Immer wieder hält sie dagegen und zerrt am Seil. Doch das Team um Ulf ist sehr erfahren, und schließlich landet sie neben Giraffe Nummer eins im Hänger. Dort bleibt sie in aller Ruhe stehen. **Geschafft!**

Wer mag schon gern Gassi an der Leine – ich hüpfe auch lieber frei durch die Gegend! WUFF!

„Alles okay?", fragt mich Ulf mit einem erleichterten Grinsen im Gesicht. „Bist etwas blass um die Nase."

„Hab wackeligere Knie als vor allen Prüfungen meines Lebens zusammen!", antworte ich. „Ist das immer so viel Action?" – „Es sind wilde Tiere, man weiß nie, was passiert. Gehört dazu, und wir sind immer gut vorbereitet", sagt er.

Zeit zum Verschnaufen haben wir aber nicht. Wenig später stopfe ich einer dritten Giraffe die Ohren zu. Sie reagiert zum Glück gelassener auf die Aufwachspritze und lässt sich bereitwillig zum Hänger führen. Doch dort gibt es gerade ein Problem. **Giraffe Nummer zwei ist zusammengesackt und kommt nicht mehr auf die Beine.** Anscheinend war der ganze Stress zu viel für sie. Alle werden unruhig, was sollen wir tun?

„Wir holen sie raus, los!", ruft Ulf. Schnell werden die beiden anderen Tiere weggeführt, denn das Team braucht Platz für die Aktion. Sechs Leute ziehen nun die Giraffe mit vereinten Kräften aus dem Hänger.

Ich halte mich im Hintergrund und will die Profis in dieser angespannten Situation nicht stören. Ulf schaut sich das am Boden liegende Tier genauer an und entscheidet: „Wir lassen sie frei. Der Transport wäre zu viel für sie." Also werden Augenklappe, Ohrstopfen und Seil entfernt. Etwas verwirrt in die Sonne blinzelnd, realisiert sie ihre Freiheit, schaut sich um, steht auf und galoppiert kurz darauf erleichtert davon.

Die beiden anderen Giraffen werden wieder in den Hänger gebracht. „Wir lassen es dabei und siedeln heute nur zwei um – es war genug Stress für alle!", sagt Ulf. Wir packen zusammen und fahren Richtung neue Giraffenheimat.

Bin voll erleichtert, denn auch meine Nerven sind irgendwie durch.

Dass wir die Tiere diesem Stress aussetzen, hat natürlich einen guten Grund.

123

GEFÄHRDETE TIERE

Es gibt noch rund 70.000 erwachsene Giraffen, die wir in vier Arten unterteilen: Netzgiraffe, Massai-Giraffe, Nördliche Giraffe und Südliche Giraffe. Die Anzahl der Südlichen Giraffen steigt derzeit, die der anderen Arten sinkt – sie gehören zu den bedrohten Arten.

Warum?

Es gibt Wilderer, die Giraffen jagen. Außerdem werden die Tiere aus ihrem Lebensraum verdrängt, wenn wilde Naturflächen in kleine Privatfarmen umgewandelt werden. Es gibt aber auch riesige bewirtschaftete Landflächen, etwa zur Viehzucht. Dort können Giraffen zwar leben, aber ideal ist es meist nicht, etwa weil diese Gebiete eingezäunt sind und die Tiere bei der Futtersuche nicht mehr weiterziehen können. Und sie treffen keine anderen Herden mehr. Dies führt zu Problemen bei der Fortpflanzung.

Umsiedlungen für den Artenschutz

Sie enthalten Infos wie Fellfarbe, Größe, Körperbau und so weiter.

Damit eine Tierart wie die Giraffen auf Dauer gesund bleibt, ist es wichtig, dass sich Herden begegnen. Und zwar, weil sich ihre Gene dann bei der Fortpflanzung vermischen können. Gene befinden sich in den Zellen jedes Lebewesens. Sie sind so was wie der Bauplan des Lebens und werden an die Nachkommen weitergegeben. Ist eine Giraffenherde eingezäunt und kann sich nur untereinander vermehren, gibt es keine ausreichende Gendurchmischung und das führt nach einer gewissen Zeit zu Krankheiten und Missbildungen.

Umsiedlungen helfen, dies zu verhindern. Außerdem gelangen dadurch Giraffen auch wieder an Orte, an denen es keine mehr gibt.

Damit die Zahl der Giraffen insgesamt wieder steigt, suchen Wissenschaftlerinnen und Wissenschaftler gemeinsam mit Tierschützern ständig nach Wegen, gute Lebensräume für die Tiere zu schaffen und die Wilderei zu bekämpfen.

Nach etwa drei Stunden Fahrt sind wir im neuen Giraffenzuhause angekommen. Hier sollen sich die Tiere einer anderen Herde anschließen und gesunde Nachkommen zeugen. Mittlerweile hat die afrikanische Sonne einem beeindruckenden Sternenhimmel Platz gemacht. Es ist, als hingen eine Million Taschenlampen über uns, während mindestens genauso viele Grillen mit ihrem Zirpkonzert die Nacht begrüßen.

Der Hänger wird in Position gebracht und wir öffnen zügig die Türen. Nach wenigen Augenblicken springen die Giraffen ganz locker mit zwei großen Sätzen heraus, bleiben stehen, gucken umher und schauen mich plötzlich an. Als würden sie sagen wollen: „Ey Leute, voll der stressige Tag! Aber sieht ganz cool aus hier, wir machen uns dann mal auf den Weg." Und so drehen die beiden sich um und verschwinden gemütlich im Dunkel der Savanne.

„Viel Spaß im neuen Zuhause!", denke ich. „Und ihr wisst ja: Bei Tag oder Nacht, Umzugshelfer Eric ist stets zu euren Diensten!"

Zirp
Zirp

Antworten

Warum nimmt die Zahl der Giraffen ab?
Vor allem wegen Veränderungen ihres natürlichen
Lebensraumes durch den Menschen und durch
Wilderei.

Wie läuft eine Giraffenumsiedlung ab?
Betäuben, Hals hochhalten, Kopf „verpacken", Seil
anlegen. Nach der Aufweckspritze werden die Tiere
in den Anhänger geführt, in die neue Umgebung
gefahren und freigelassen.

Wie „verpacke" ich den Kopf einer Giraffe?
Ich habe dem Tier dicke Stopfen in die Ohren gesteckt,
diese umwickelt, eine große Maske auf seine Augen
gelegt und hinter dem Kopf verbunden.

Mein Krass-das-vergesse-ich-nie-Moment
Als die Giraffe um sich getreten hat und ich nur noch
dachte: „Renn, Eric, RENN!!!"

Auch Nashörner haben in Afrika unter einer
veränderten Natur zu leiden. Außerdem werden
sie von einigen Menschen getötet, die an ihr Horn
rankommen wollen. Darum geht's in meiner
letzte Wissensmission, hier in Namibia.

Mission 6:

Nashörner –
Schutz vor den Wilderern

oder

Geheime Aktion mit den grauen Riesen

Bei meiner letzten Mission begleite ich eine
Nashorn-Rettung. Drei junge Bullen müssen
eingefangen werden, um sie an einen
geheimen Ort zu bringen.

Die Wahrheit ist manchmal nur schwer zu ertragen. Wir müssen sie aber kennen, wenn wir etwas zum Besseren verändern wollen. Und so ist das auch im Fall der Nashörner.

Die Tiere werden von Wilderern gejagt, nein, man muss leider sagen: abgeschlachtet. Und zwar wegen ihres Horns, denn es gibt Menschen, die dafür jede Menge Geld zahlen. Engagierte Tierschützerinnen und Tierschützer wollen das Töten der Nashörner verhindern.

Diese tollen Tiere werden aus Geldgründen getötet – ich finde das total traurig.

Meine Faktenfragen:
1. Was genau steckt hinter der verbotenen Jagd auf die Nashorn-Hörner?
2. Was kann gegen die Wilderei unternommen werden?

Meine ganz persönliche Forscherfrage:
Traue ich mich, bei der Umsiedlung eines Nashornbullen mit anzupacken?

SPOILER-ALARM!

Hier erzähle ich, warum es den Tieren helfen kann, ihnen das Horn abzusägen.

NAMIBIA
STRENG GEHEIM

Wummwummwumm – die Rotorblätter des kleinen Helikopters durchschneiden die klare Morgenluft der Savanne. Ulf winkt zu mir herunter, während ich auf der Ladefläche des fahrenden Autos sitze und denke: „Voll das James Bond-Feeling." Denn die Mission heute ist streng geheim.

Unser Plan: drei junge Nashornbullen an einen Ort umsiedeln, an dem es nur wenige der Tiere gibt – je verteilter sie leben, desto schwieriger wird es für Wilderer, sie aufzuspüren. Mit dabei sind mehrere Helfer und Piet, auf dessen Land wir gerade unterwegs sind. Er hat Tierarzt Ulf beauftragt, einige Nashörner umzusiedeln. Aber erst mal müssen wir welche finden ...

Auf S. 138 steht mehr über die verbotene Jagd auf Nashörner.

Am Vorabend noch hatten wir das Glück, an einer Wasserstelle ein Junges mit seiner Mutter beobachten zu können. „Sie sind nicht grundlos aggressiv gegen Menschen. Wenn wir diesen Abstand einhalten, besteht keine Gefahr!", hatte Ulf mich beruhigt, als ich beim Anblick der kraftvollen Tiere etwas nervös wurde.

Ein unvergesslicher Moment!!!

Und als ich in der Abendsonne vor diesen Kolossen stand, dachte ich mit einer Mischung aus Traurigkeit und Wut: „Eigentlich hättet ihr allen Grund, uns anzugreifen, wenn man bedenkt, was Menschen euren Artgenossen antun!"

Für unsere Aktion will Ulf jetzt drei <u>Jungbullen</u> aus der Luft aufspüren und sie betäuben. Wir im Bodenteam fahren dann schnell in den Geländewagen dorthin und kümmern uns um die Tiere.

Die Tiere sollen zwischen zwei und drei Jahre alt sein.

Nach nur wenigen Minuten hören wir Ulfs Stimme über Funk. „Hab eins getroffen, fahrt los, wir landen und kommen dazu!" Die geheime Umsiedlung beginnt!

Davor noch schnell ein paar Fakten …

Was ist eigentlich … **ein Nashorn?**

- Säugetier der Ordnung Unpaarhufer
- bis zu 4 Meter lang und 2 Meter hoch
- Lebenserwartung etwa 40-50 Jahre
- lebt in Afrika und Süd-/Südost-Asien
- frisst Blätter, Äste, Früchte, Gräser
- keine natürlichen Feinde

Horn

Die afrikanischen Breitmaul- und Spitzmaulnashörner sowie die asiatischen Sumatra-Nashörner haben zwei Hörner, ein längeres und ein kurzes. Die in Asien lebenden Java- und Panzernashörner haben nur eines.

Bei den afrikanischen Tieren ist das vordere Horn 50 bis etwa 100 Zentimeter lang. Asiatische Nashörner haben kürzere Hörner.

Die Tiere haben darin kein Gefühl. Das Horn wächst ein Leben lang – so ähnlich wie bei uns die Fingernägel.

Sinne

Ihre Augen sind nicht besonders gut, die Sehkraft reicht nur etwa 20 Meter weit. Dafür können Nashörner ganz gut hören und Gerüche über Hunderte Meter aufnehmen.

Gebiss

Als Vegetarier haben die Tiere sehr breite Backenzähne, mit denen sie die Pflanzen regelrecht zermahlen können. Sie vertilgen um die 100 kg – pro Tag!

Dicke Haut
Sie ist grau oder bräunlich, rund 2-4 Zentimeter dick und sehr robust. Wie ein Panzer schützt sie die Tiere zum Beispiel im Kampf gegen Artgenossen.

Lebensraum
In Afrika leben die Tiere in der Savanne oder Waldlandschaften, in Süd- und Südost-Asien in den tropischen Regenwäldern oder Sumpflandschaften.

Das hier ist übrigens ein Breitmaulnashorn.

Beine
Kurz und stämmig, dennoch können Nashörner damit bis zu 50 km/h schnell rennen.

Massiger Körper
Mit ihrem bulligen Körperbau bringen sie je nach Art bis zu 3500 kg, also 3,5 Tonnen, auf die Waage.

WOW!-WISSEN

PUTZVÖGEL

Afrikanische Nashörner haben übrigens einen besonderen **Putz- und Alarmdienst.**

Der **Rotschnabel-Madenhacker,** ein afrikanischer Singvogel, frisst Parasiten, zum Beispiel Zecken, von der dicken Haut der grauen Kolosse. Außerdem gibt der Vogel ein Warnsignal von sich oder fliegt davon, wenn sich Gefahr nähert. So wissen auch die Nashörner sofort: Moment mal, hier stimmt was nicht!

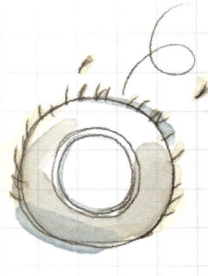

Der junge, massige Bulle tippelt benommen durch die Savanne und kann sein Gleichgewicht kaum noch halten. Die Betäubung beginnt zu wirken – Zeit für unseren Einsatz!

Wir rennen hin, um ihn zu versorgen: <u>Augen bedecken, damit er sich nicht unnötig aufregt, Seil anlegen, Aufwachspritze geben.</u> „Willst du das Handtuch auf seine Augen legen?", ruft Piet. Ich muss mich schnell entscheiden und von ganz tief drinnen schießt es aus mir heraus. **„AUF KEINEN FALL!"** Ich trau mich einfach nicht. Wie ein schwankender Felsblock steht da ein halbwaches Nashorn vor uns. Ich starre auf das spitze Horn. Würde dieser Muskelprotz nur eine schnelle Kopfbewegung in meine Richtung machen – dann wär's das erst mal für mich ...

Ähnlich wie bei den Giraffen. Das habe ich auf Seite 114 genauer beschrieben.

Jemand aus dem Team übernimmt. Erst, als der Bulle auf die Seite fällt und tief schläft, wage ich mich ran und lege meine Hand auf seinen Körper. „Fühlt sich an wie ein behaarter Autoreifen. Fest und riffelig, aber die Härchen kitzeln!", sage ich überrascht. Von den kleinen Haaren auf der dicken Haut wusste ich gar nichts.

Mittlerweile sind Ulf und ein zusätzlicher LKW eingetroffen. Jetzt müssen wir das Nashorn schnellstmöglich in den Transportcontainer führen – tragen ist bei diesem Schwergewicht unmöglich. Wir geben ihm das Aufwachmittel und das ist ein Moment, in dem wir besonders aufmerksam sein müssen.

Nashornsteuerung Eric

Nachdem das Tier wieder halbwegs wach, aber noch orientierungslos aufgestanden ist, beginnt die Action: Vorne ziehen mehrere Helfer mit vollem Einsatz am Seil, während ich durch leichten Druck auf die Seite versuche, dem Nashorn eine Richtung vorzugeben. Klappt echt ganz gut. „Wir führen hier also gerade ein Nashorn an der Leine, na logo!", murmele ich, um mir das Absurde dieser Situation noch mal klar zu machen. Ein Container wird vom LKW abgeladen und wir drücken, schieben und ziehen das Tier. Es dauert, aber nach etwa einer halben Stunde ist es sicher im Container verstaut und bereit zur Weiterfahrt.

„Hey, ich will auch 'ne Gassi-Runde durch die Savanne!"

Der ganze Aufwand hat natürlich seinen Grund, hier kommen ein paar Infos dazu.

136

WENIGE TIERE

Es gibt **fünf Nashornarten** auf der Welt.

Das Breitmaulnashorn in Afrika
erkennt man gut an seinem breiten
Maul.Von dieser Art gibt es noch
rund **10.000 Tiere**.

An seiner spitzen Oberlippe kann
man das Spitzmaul-Nashorn erkennen.
Mit nur noch etwa **3000 Exemplaren**
ist es vom Aussterben bedroht.

Noch schlimmer steht es um
die asiatischen Tiere: Vom
Panzernashorn, dessen Hautfalten
es wie von einem Panzer umhüllt
erscheinen lassen, gibt es noch
um die **2000**.

Das Sumatra-Nashorn ist das kleinste und
behaarteste aller Rhinozerosse und mit noch
etwa **250 Tieren** vom Aussterben bedroht.

anderes Wort für Nashörner

Ebenso das Java-Nashorn. Es ist mit nur noch rund
60 Tieren eines der seltensten Großsäugetiere der
Welt.

Zusammengerechnet sind das noch nicht mal
16.000 Nashörner auf der Welt. Es ist also
extrem wichtig, sie zu schützen.

Die Zahlen beziehen sich immer auf erwachsene Tiere.

JAGD NACH DEM HORN

Der Lebensraum für Wildtiere in Afrika hat sich durch den Einfluss der Menschen sehr stark verändert. Dieses Problem habe ich bei den Geparden und Giraffen schon beschrieben, und es gilt genauso für die Nashörner. Auch der Klimawandel macht ihnen zu schaffen.

Allerdings sind die Tiere vor allem durch die verbotene Wilderei stark bedroht. Die Wilderer haben es dabei auf das Horn abgesehen. Dafür töten sie die Nashörner und entfernen es sehr brutal.

Warum? Vor allem in asiatischen Ländern wie China und Vietnam glauben Menschen, das Horn habe heilende Kräfte. Oder sie denken, der Besitz bringe ihnen Glück und Wohlstand. Wegen dieses Aberglaubens sind sie bereit, viel Geld für das Horn oder daraus gefertige Pülverchen zu zahlen. Viele Wilderer brauchen dringend Geld, um ihre Familien zu ernähren. Den Käufern der Hörner scheint es völlig egal zu sein, dass durch ihre Nachfrage eine ganze Tierart ausgerottet werden könnte.

ENTHORNUNG ZUM SCHUTZ

Tierschützer haben sich daher etwas ausgedacht, das helfen könnte. Sie betäuben die Tiere und entfernen das Horn. Es wird kurz über dem Ansatz abgesägt, das spüren die Nashörner nicht. Da das Horn nachwächst, muss diese aufwendige Prozedur alle paar Jahre wiederholt werden.

Das ist zwar ein starker Eingriff und manchmal töten die Wilderer sogar für den kleinen, verbleibenden Horn-Rest. Aber jedes Nashorn, das gerettet werden kann, zählt.

Auch Umsiedlungen, so wie ich sie miterleben darf, sollen die Tiere vor den Wilderern schützen. Außerdem werden Wildhüter eingesetzt, die auf die Tiere achten. All das hilft den Nashörnern, eine wirkliche Lösung für das Problem der Wilderei gibt es aber leider noch nicht.

So sieht ein Nashorn dann aus, wenn ihm das Horn von den Tierschützern entfernt wurde.

139

Unsere Nashorn-Rettungsaktion ist in vollem Gange. Mittlerweile steht schon ein **zweites Tier** im Container auf der Ladefläche des LKW und wir suchen nach einem letzten Jungbullen für heute. „Ich hab einen erwischt, auf geht's zur letzten Runde!", tönt Ulfs Stimme aus dem Funkgerät. Doch als wir mit dem Wagen näherkommen, stehen wir vor einem Problem – und zwar einem sehr großen und aggressiven.

Die Mutter des Tieres ist gekommen, um ihr Junges zu beschützen. Aufgeregt drohend will sie uns vertreiben. Der junge Bulle liegt schon betäubt im Gras. Mir stockt der Atem – diese enorme Kraft der Nashornmutter, die bereit ist, ihr Junges zu beschützen. Wird sie uns angreifen?

So können wir unmöglich an den Jungbullen ran. Ulf entscheidet, auch die Mutter kurz zu betäuben, es gibt keine andere Lösung. Und während sie benommen ins Gras fällt, stehen wir schon bei dem Bullen, wecken ihn auf und führen ihn schnell in den letzten Container. **UFF! Geschafft!**

Er wiegt so etwa 800 kg!

Auch um die Mutter hat sich das Team in der Zwischenzeit gekümmert, sie trabt kurz darauf wieder durch die Savanne. „Schon ein komisches Gefühl, ihr das Kind einfach wegzunehmen", sage ich zu Ulf. Aber er beruhigt mich: „Der Bulle ist in einem Alter, in dem er sich ohnehin sehr bald von ihr gelöst hätte.

Außerdem schützen wir ihn so auch vor oft <u>tödlichen Angriffen durch ältere Bullen,</u> von denen es in diesem Gebiet einige gibt." Nach etwa drei Stunden Fahrt erreichen wir unser Ziel.

Das Trennen der Bullen hilft auch dabei, die Art zu erhalten.

Auf diesem Hunderte Quadratkilometer großen Privatbesitz werden die Tiere sicherer vor den Wilderern sein und sich mit einigen bereits vorhandenen Nashorn-Weibchen fortpflanzen. Als die Container abgeladen werden, schaue ich mich erschöpft um und denke: „Boah, bin ich fertig! Wie muss es dann erst den Nashörnern gehen? Ob sie den Transport gut überstanden haben?"

Ich klettere auf den mittleren Container und bringe
mich in Position. Der große Moment ist gekommen:
**Die drei Nashornbullen werden in ihr neues
Zuhause entlassen und ich darf als Erster eine
Containertür öffnen.** Noch bevor sie komplett offen
ist, stößt das Tier mit einem lauten Knall dagegen,
als wollte es sagen: „Reicht jetzt aber auch, ich will
hier raus!" Es rennt einige Meter, bleibt verdutzt
stehen, schaut sich um und beobachtet interessiert,
wie die beiden anderen freigelassen werden. Hier
werden sich die Nashörner nun eingewöhnen und
bleiben hoffentlich von Wilderern unentdeckt und
in Sicherheit.

In mir machen sich die pure Erleichterung und ein
gigantisches Glücksgefühl breit! Allen dreien
geht es gut! Toll, dass ich Teil des Teams
sein durfte. Die Aktion war ein Erfolg
und soll dabei helfen, dass es auch
in Zukunft Nashörner auf unserem
Planeten geben wird.

Antworten

Was steckt hinter der illegalen Nashorn-Jagd?
Vor allem in China und Vietnam gibt es den
Aberglauben, dass die Einnahme von Horn-Pulver
Heilung, Kraft und Erfolg bringt. Menschen sind
bereit, viel Geld dafür zu zahlen.

Was wird gegen die Wilderei unternommen?
Geheime Umsiedlungen, Schutz der Tiere durch
Wildhüter und das Entfernen der Hörner durch
Tierärzte. Eine endgültige Lösung gibt es noch nicht.

**Traue ich mich, bei der Umsiedlung eines
Nashornbullen mit anzupacken?**
Die Kraft dieser Tiere ist enorm beeindruckend.
Darum habe ich gekniffen, als ich das Handtuch
über die Augen des Bullen legen sollte, und
mich erst herangetraut, als das Tier schlief.

Mein Krass-das-vergesse-ich-nie-Moment
Als die wütende Nashornmutter vor uns stand, dachte
ich: „Mein lieber Scholli, dir will ich aber auch nicht im
Dunkeln begegnen!"

So – das war meine letzte Wissensmission zu den
Wildtieren, mein Notizbuch dazu ist gut gefüllt mit
vielen Fakten und unvergesslichen Erlebnissen. Aber
so ganz fertig mit dem Thema bin ich noch nicht ...

Mission 7:

143

Meine Wissensmission
geht weiter

– im Podcast!

Einigen der wilden Tiere unserer Erde konnte ich nun begegnen. Viele meiner Fragen wurden beantwortet, einige neue sind mir allerdings auch über den Weg gelaufen. Und Antworten darauf habe ich von ein paar tollen Menschen bereits bekommen. Von welchen, das hörst du in meinem Podcast „Eric erforscht".

Vier Folgen gibt's zum Thema wilde Tiere. Darin interviewe ich zum Beispiel eine Forscherin, die mir von ihren Begegnungen mit riesigen Kraken und leuchtenden Tiefseefischen erzählt. Und über die Eroberung des Weltraums kannst du dir in vier weiteren Folgen berichten lassen, wenn du möchtest. Inklusive Geräusche-Rätsel – und Caramelo ist auch mit dabei! Du findest den Podcast auf vielen bekannten Plattformen. Eine Übersicht gibt es im Internet unter:

ericerforscht.carlsen.de

Oder einfach diesen QR-Code mit der Kamera eines Smartphones scannen.

Mein Wissenskribbeln im Bauch zum Thema wilde Tiere ist vorerst gestillt. Ich konnte verschiedene Arten bei meinen Missionen auf vier Kontinenten in ihren natürlichen Lebensräumen erleben. Mir ist klar geworden: Die Natur hat eine unglaubliche Artenvielfalt hervorgebracht und ganz egal, ob klein oder groß, schnell oder langsam, zu Wasser, zu Land oder in der Luft – jede Tierart ist besonders und sollte erforscht und geschützt werden.

Denn ich habe auch gesehen: Das natürliche Gleich-gewicht auf der Erde wird durch uns Menschen immer weiter gestört. Oft gehen wir nicht verantwortungsvoll mit der Natur um, obwohl wir doch mit allen anderen Lebewesen gemeinsam ein großes Ganzes bilden.

Eine gesunde Natur mit ihrer reichhaltigen Artenvielfalt ist auch für uns überlebenswichtig – und wir sollten alles dafür tun, sie zu bewahren.

So – die nächsten Wissensmissionen warten schon auf Caramelo und mich. Ich hoffe, du bist wieder mit dabei? Na dann, wir lesen uns ...

Dein
ERic